마음의
거울을
닦다

마음의 거울을 닦다

지은이 | 박용진, 김민경

발행 | 2018년 2월 12일

펴낸이 | 신중현
펴낸곳 | 도서출판 학이사
출판등록 | 제25100-2005-28호

대구광역시 달서구 문화회관11안길 22-1(장동)
전화_(053) 554-3431, 3432   팩시밀리_(053) 554-3433
홈페이지_http://www.학이사.kr
이메일_hes3431@naver.com

ISBN_979-11-5854-123-1   03200

마음의 거울을 닦다

박용진 김민경 편찬

學而思 학이사

조화로운 삶을 위한 지혜
문답으로 찾아가는 조화로운 삶
100개의 질문으로 알아보는
위대한 자신을 찾기 위한 대화

| 차례 |

책머리에 _ 06

마음의 거울이란 무엇인가?

마음이란 무엇일까요?
과연 어떤 모습일까요?
둥글까요 네모일까요, 아니면 세모일까요?
그렇습니다. 우리의 마음은 형태가 없습니다. 그래서 보이지 않습니다.
사람은 누구나 각자의 마음을 가지고 태어났습니다. 처음의 마음은 누구나 맑고 밝았습니다. 하지만 살다보면 유쾌한 사람도 있지만, 어둡고 매사에 불만인 사람도 있습니다. 이런 사람은 똑같이 무엇을 해도 잘 되지 않는 사람입니다. 왜 그럴까요?
답은 마음에 있습니다.

우리의 마음은 매일 아침 마주하는 거울과 같습니다. 거울을 처음 만들었을 때는 티 하나 없는 아주 깨끗한 상태입니다. 그러나 사용하는 사람에 따라 처음보다 더 빛나는 거울이 있는가하면, 처음에는 깨끗했으나 먼지가 앉아 흐려져 제 기능을 다하지 못하는 거울도 있습니다.

사람의 마음도 이 거울과 같습니다. 어떻게 마음의 거울을 관리하느냐에 따라 반짝반짝 비칠 수도 있고, 자신의 모습이 제대로 보이지 않을 만큼 흐려질 수도 있습니다.

　누구나 태어날 때는 맑고 밝은 마음을 가지고 이 세상에 왔습니다. 그러나 태어난 환경이나 잘못된 교육, 바르지 못한 종교 생활 등에 의해서 자신도 모르게 마음이 흐려지는 경우가 많습니다. 이런 사람은 자신을 비추고자 해도 마음의 거울에 때가 끼어 자신이 보이지 않습니다. 그래서 세상을 힘들고 헛되게 살아가게 됩니다.

　이 책은 이러한 사람들을 위해 엮었습니다. 올바르지 못한 종교 생활에 빠져 있거나 항상 희망이 없어 우울한 사람들의 마음을 닦아, 타고난 맑고 밝은 본성으로 되돌아가 행복하게 살아갈 수 있도록 하였습니다. 사람의 마음은 어떻게 관리해야 하고, 올바른 종교 생활은 어떠해야 하는지 쉽게 이해할 수 있도록 엮었습니다.

　현세에서 타고난 성품을 되찾아 어리석음에 빠지지 않고, 바르게 살아 그 기쁨이 영원하기를 바랍니다.

2018년 초봄에
박용진 김민경

마음의
거울을
닦다

종교란
무엇인가?

올바른 종교의 기준은 무엇인가?

1. 일관성이 있어야 합니다. [시간적時間的 올바름]

입교立教(최초 설립) 당초부터 현재까지 그 교단이 가르치는 것. 행동하는 것이 시종일관 같은 것이어야 합니다.

2. 보편성이 있어야 합니다.[공간적空間的 올바름]

한 나라 뿐만 아니라 세계적인 인정을 받을 수 있는 것이어야 하며, 일부의 인정을 받아도 전체적인 인정을 얻지 못하면 올바른 종교라고 할 수 없습니다.

3. 다음의 세 가지 조건을 갖추어야 합니다.

① 과학적 합리주의科學的 合理主義 : 종교는 과학을 부정하지 않아야 하며 합리적으로 설명할 수 있어야 합니다.

② 도덕주의 : 믿음 때문에 도덕을 파괴하는 종교는 올바르지 않습니다.

③ 영적자각靈的自覺(마음에 대한 자각)과 영성향상靈性向上(인격의 향상)을 기대할 수 있어야 합니다.

4. 신神과 인간 사이에는 중개인이 필요 없습니다.

신과 인간 사이에 중개인을 두고 그를 통하지 않으면 구원받을 수 없다고 주장하는 것은 잘못입니다.

5. 종교와 과학은 일치합니다.

종교와 과학이 일치한다는 것을 설명할 수 없으면 그 종교는 완전하지 못합니다. 과학의 일방통행은 부정되어야 하지만 과학 그 자체를 부정하는 것은 옳지 않습니다.

6. 자력自力을 다했을 때 타력他力이 있다고 설법합니다.

타력만의 구원을 강조하는 것은 올바른 종교라고 할 수 없습니다.

7. 신전神殿이 필요 없습니다.

예수님도 석가모니 부처님도 신전은 세우지 않았습니다. 대자연 자체가 바로 신神의 전당殿堂입니다. 집안에 신이 있다고는 설하지 않았습니다.

신도들의 헌금(기부)으로 신전神殿을 세우고 그 안에 신神이나 여러 가지 이름의 우상을 모시고 예배시키고 있는 타력신앙은 의문추구를 해 보아야 합니다.

8. 신神을 받드는 의식제전儀式祭典이 필요 없습니다.

받들고 모시지 않으면 신神이 나타나지 않는다는 것은 있을 수 없는 일입니다. 신神은 언제 어디서나 편재遍在하며 영원히 존재합니다.

9. 우상숭배偶像崇拜를 하지 않습니다.

사람이 만든 것이 신神일 수는 없습니다. 대우주를 창조한 신이 조그마한 신전神殿 안에 갇힐 수 있겠습니까?

10. 묘지숭배墓地崇拜를 하지 않습니다.

죽으면 원자체原子體:肉體는 흙으로 돌아가지만 광자체光子體:마음는 4차원 이상의 다차원의 세계 즉 실재계 '저세상'에 머문다는 것을 알아야 합니다.

11. 먼저 "의문을 가져라"고 설법합니다.

무조건 "믿어라"고 강요하지 않습니다. 비판을 겁내는 종교는 믿을 것이 못 됩니다. 합리적으로 의문을 풀어 줄 수 없는 종교는 생각해 보아야 합니다.

12. 인간은 전생윤회轉生輪回를 하는 존재임을 설합니다.

인생은 이 세상의 일회용이 아니며 영원히 전생轉生하면

서 이 세상 저 세상을 왕래합니다. 과거의 업을 수정하고 새로운 경험을 통해서 영혼을 향상시켜 나갑니다.

13. 기도·염불로써는 구제되지 않습니다.

독경·사경으로써는 성불되지 않습니다. 기도는 감사와 이타利他의 기도라야 합니다.

14. 기부·보시를 강요하지 않습니다.

보시·희사를 강요하는 것은 잘못된 것입니다. 매월 기부금이나 보시를 기록하여 신도의 명예욕·경쟁심을 부추겨 헌금 액수를 증가시키는 교단이 있는데 그것은 올바르지 못한 것입니다.

15. 신격화神格化하지 않습니다.

교주를 신격화하고 있으면 올바른 종교가 아닙니다. 교주는 인간이지 신이 아닙니다.

16. 세습 제도를 만들지 않습니다.

예수님도 석가모니 부처님도 세습 제도를 만들지 않았습니다. 세습 제도를 택하는 교주의 마음속에는 자신이 구축한 교단의 재산을 남에게 넘겨주지 않겠다는 욕망과 집착이 있습니다.

17. 신도에게 불안감, 공포감을 주지 않습니다.

믿지 않으면 불행해진다든가, 그만두면 벌을 받는다든가, 배신자라든가, 협박으로 신앙을 강요하는 종교도 의문 추구를 해 보아야 합니다.

18. 말과 행동이 일치합니다.

자비를 베풀라고 하면서 영화를 누리는 교주도 있습니다. 번뇌집착을 없애라고 설법하면서 호화로운 생활에 젖어있는 것입니다.

19. 현세의 이익을 목적으로 하지 않습니다.

현세 이익은 마음이 구제 된 결과로 얻어지는 부수적인 것인데 재산·명예·건강 등의 현세이익을 목적으로 하는 종교는 올바르지 못합니다.

20. 심신일여心身一如, 색심불이色心不二를 설합니다.

우리는 영혼과 육체를 한 몸으로 하여 이 세상에 존재합니다. 영혼과 육체는 어느 쪽도 소홀히 할 수 없는 소중한 것들입니다. 하지만 육체는 죽는 것이기 때문에 죽을 때는 절대로 자신의 시체에 집착하지 말아야 합니다.

21. 도피와 깨달음의 구별을 할 수 없는 종교는 올바르지 않습니다.

종교행사와 종교의식은 도피입니다. 그런 행사에 참가함으로써 설령 자신의 고통을 한동안은 잊었다고 해도 그것은 어디까지나 도피였지 그것으로 구제 받을 수는 없기 때문입니다. 참선도 마음을 비우는 것만으로는 깨달을 수 없습니다. 그러므로 참선은 굳이 입산수도의 형식이나 특별한 환경이 필요한 것이 아닙니다.

22. 영능중심靈能中心은 잘못입니다.

영능으로 질병을 고치는 것, 최면에 의한 신비체험 등으로 사람들을 현혹시키는 종교는 잘못된 신앙이고 올바른 종교가 아닙니다. (성서 요한일서 4장1절 참고)

23. 반성을 시킵니다.

불교의 참회, 기독교의 회개, 천주교의 고해성사 등은 모두 자신의 마음을 돌아보게 하는 반성에 다름 아닙니다. 반성을 강조하여 심성心性의 도야陶冶에 주력하는 종교가 올바른 종교입니다.

24. 죄업은 인수인계 할 수 없습니다.

"여러분의 죄업은 내가 다 인수하여 소멸시키겠습니다."라고 하는 지도자를 믿어서는 안 됩니다. 누구도 남의 죄업을 대신할 수 없습니다. 어떤 교주는 신자에게 종이를 핥게 해서 그것을 입으로 핥으면서 "당신의 죄업은 내가 인수했습니다." 하고 뽐내고 있다고 합니다.

죄업을 인수인계할 수 있는 것이라면 석가모니 부처님이나 예수님은 평생 질병으로 시달려야 했습니다.

자신의 죄업은 자신이 반성으로 소멸시키는 길 뿐입니다. 예수님의 십자가에서 죽음은 전 인류의 죄를 예수님께서 짊어졌다고 말합니다. 그러나 인류의 죄는 사해졌기보다 더욱 더 불어나고 있지 않습니까?

25. 회원을 증가시키라고 강요하지 않습니다.

회원을 늘이는 일, 책이나 신문을 강매하는 행위는 올바른 것이라 할 수 없습니다. 전도는 강제로 하는 것도 아니요, 또한 강요받을 성질의 것도 아닙니다.

자신이 구제된 기쁨을 혼자 간직하고 있기가 너무나 벅차 전도하지 않고서 못 견디겠다는 마음이 되어서 자발적으로 이루어지는 것입니다.

과학이 발달해도 종교와 철학의 존재 가치가 소멸되지 않을 수 있을까?

정도正道는 과학입니다. 불교도 과학입니다. 조화를 강조하는 불교는 그래서 과학입니다. 색즉시공色卽是空, 공즉시색空卽是色이라는 만생만물이 순환의 법칙에 의해서 성립되는 것이고, 여기서 이탈하면 마음도 육체도 괴로워지니 중도의 마음으로 생활하라고 가르치고 있는 것입니다.

걱정거리가 있으면 밥이 넘어가지 않고 화가 나면 심장이 뜁니다. 중도에서 이탈한 감정 상념이 작용하면 혈액의 흐름에 이상이 생겨 위장의 활동도 약해집니다. 불교는 그것을 가르치고 있습니다. 이것은 훌륭한 과학입니다.

불교를 비과학적이라고 하는 것은 종래의 예배와 예불하는 종교를 정도正道와 혼동, 자기만족의 관념 종교도 종교로 보고 있기 때문입니다. 그런 의미의 종교는 틀림없이 존재가치가 없어질 것입니다. 하지만 정도正道와 불교와 기독교의 원점은 그런 숭배 종교가 아닌 과학입니다. 정도正道와 숭배 종교를 혼동하지 말아야 합니다. 그리고 앞으로의 과학은 정도正道를 중심으로 발달하여 갈 것입니다.

성서나 경전은 왜 많은 종파를 만들었을까?

종교서에는 인공적 협작물(매우 난해하고 어려운 용어와 교리)이 섞여 있어서 종교에 교파, 종파가 많이 있습니다.

성서와 경전은 예수님, 석가모니 부처님이 만물의 영장인 참 인간을 부각浮刻시킨 위대한 가르침입니다. 그러나 말이 문자로 기록되면서 그리고 여러 언어로 번역되어 그것을 읽는 사람의 지식과 견해가 더해져 여러 가지로 해석이 달라져 수많은 종파나 교파가 생겨난 것입니다.

언어에는 말 그 자체의 뜻 이외에도 감정이 가해집니다. 같은 말이라도 하는 사람이나 장소, 분위기 등에 따라 생명체로 약동이 달라지기도 합니다. 말이 문자화가 되면 다른 감정의 개입이 어렵게 되어 호소력이 약해지며, 반대로 독자의 상상력을 자극하게 됩니다.

문자가 호소력을 발휘하려면 문자를 구사하는 기술의 습득을 필요하게 하며, 같은 뜻이라도 입으로 하는 이야기말과는 판이한 수사학修辭學(사상이나 감정을 효과적·미적으로 표현할 수 있도록 문장과 언어의 사용법을 연구하는 학문)이 필요한 것입니다.

이처럼 단순 소박한 이야기나 말도 문자화가 되면 복잡다기해집니다. 더구나 문자의 정적인 속성 때문에 많은 상상력을 부추겨 해석이 해석을 낳아 마침내는 본질에서 멀어지는 위험을 안고 있습니다.

예수님, 석가모니 부처님의 일언반구一言半句(한마디의 말과 한 구의 반이란 뜻으로, 극히 짧은 말이나 글)가 오랜 역사를 거쳐 오는 동안 수많은 승려와 학자들에 의해 자기 자신만의 지식知과 생각意이 첨가된 문자로 만들어져 후세에 전해지면서 백만, 천만의 말이 되어 퍼져 나간 것입니다.

이러한 결과 무엇이 진실이고 어느 것이 오류인지 분간이 어려워지게 된 것이며, 점점 학문화, 철학화가 되었으며 다른 사람들이 이해하기 어렵게 되어버렸습니다.

어려운 내용들을 알려고 하다 보니 종파, 종교대학, 석사, 박사 등을 만들어서 그 뜻을 알려고 하고 있습니다. 그러나 만든 사람 외에는 그 누구도 완전한 이해를 구할 수 없을 것입니다.

신앙의 바른 길, 신심信心이란 무엇인가?

    신의 마음을 이해하고 그 마음인 자비와 사랑을 생활 속에서 실천하는 것입니다. 남에게 거짓말을 해도 자신에게 거짓말을 할 수 없다는 것은 자신의 마음속에 하나님이 함께하고 있음을 의미합니다. 성서 고린도 전서 3장16절에 "하나님의 전당과 하나님은 너와 함께하고 있노라."라는 말씀이 있습니다. 신심은 밖에 있는 하나님을 믿으라는 것이 아니라 자기 마음속에 함께하고 있는 하나님을 믿으라는 것입니다. 하나님을 독실하게 믿고 있는 사람이 왜 병마에 시달리는지, 왜 사업은 부진한지, 또는 예배까지 하고 돌아오는 길에 교통사고를 왜 당하겠습니까?

    대우주를 창조한 영지, 지혜는 한 사람 한 사람의 마음과 함께 하고 있지만 욕심, 질투, 노여움, 미움, 불평불만, 이기적인 생각, 원망 등으로 마음이 어두워지면 하나님의 빛을 잃게 되어 사고가 일어나기도 합니다. 인간의 마음은 존엄하고 위대한 것입니다. 언제나 자신과 함께하고 있는 위대한 자신의 마음을 믿고 그 마음과 의논하며 살아가는 것이 신심信心이요, 믿음이며 참 신앙의 길입니다.

나는 누구인가?

자기라고 생각하고 있는 것은 그 육체를 통해서 표현되고 있는 한 부분에 지나지 않습니다. 그 속에 숨어 있는 '거대한 자기'에 비하면 핀의 끝부분만 한 것에 불과합니다. 따라서 무엇이 자기이고 무엇이 자기가 아닌가를 알고 싶으면 우선 총체로서의 자신을 발견하는 것부터 배우지 않으면 안 됩니다. 지금까지 당신은 그 육체에 갇힌 '조그마한 자기' 이상의 것을 조금이라도 발견한 적이 있습니까? 지금 당신이 의식하고 있는 그 자아의식이 본래의 당신 전체의 의식이라고 생각하고 있습니까? 아마 대답하지 못할 것입니다.

세계에 연결된 육체 뒤에 숨어 있는 '거대한 자기' 즉 고차원의 세계에 연결된 진짜 자기를 발견하기 위해서는 어떻게 하면 좋을까요.

그러기 위해서는 우선 올바른 관찰과 인식이 필요합니다. 즉 당신은 본래가 영적 존재이며 그것이 육체라는 도구를 통해서 자기를 표현하고 있다는 사실입니다. 영적 부분이 본래의 진짜 당신입니다. 영靈이 상上이고 육체가 하

下입니다. 영이 주인이고 육체는 머슴입니다.

영은 전 우주를 계획하고 창조하며 운영하고 있는 대령大靈(신·창조주를 말함)과 본질적으로 완전하게 같은 영입니다. 즉 당신 속에는 '신神'의 속성인 막대한 에너지의 전부를 미숙한 형태, 축소한 형태, 즉 소우주의 형태로 간직하고 있는 것입니다.

그러니 그 간직하고 있는 신성神性을 개발하여 생활의 원동력으로 사용하면 걱정도 불안도 괴로움도 바로 사라지고 맙니다. 이 세상에는 자기 힘으로 극복할 수 없는 일은 절대로 일어나지 않는다는 사실을 깨닫기 때문입니다 그 깨달음을 얻는 것이야말로 당신이 할 일입니다. 하지만 그것은 결코 쉬운 일이 아닙니다.

육체는 당신이 사는 집이라고 생각하는 것이 좋습니다. 육체가 집인 이상 살기 좋은 곳으로 꾸미지 않으면 안 됩니다. 그러나 어디까지나 주거였지 주거인이 아니라는 것을 명심하십시오. 이 우주를 창조한 힘이 생명활동을 관장하고 있습니다. 생명은 물질이 아닙니다. 영입니다. 영은 곧 생명입니다. 생명이 있는 곳에 반드시 영이 있고 영이 있는 곳에는 반드시 생명이 있습니다.

당신 자신도 생명 그 자체이고 따라서 우주의 대령과 연결되어 있으며, 그렇기 때문에 당신도 무한한 창조 진화의 과정에 참여하게 되어 있는 것입니다. 그 생명력은 필요할 때에는 언제든지 당신의 생명의 우물에서 퍼 올릴 수 있습니다. 육체의 거주인인 영이 간직한 막대한 에너지, 당신의 생명 활동의 동력이고 활력이며, 당신의 존재를 근본에서 떠받치고 있는 힘을 언제든지 불러들일 수가 있는 것입니다.

사람은 누구나 이 세상에서 완수해야 할 일이 있습니다. 그 일을 완수하기 위해서는 이와 같은 지식을 습득하여 그것을 활력으로 삼을 필요가 있는 것입니다. 영이 간직한 자질을 자력으로 발휘해야 합니다. 그렇게 하는 것이 곧 암흑을 걷는 사람들에게 등불이 되는 것이고 그렇게 되면 당신은 이 세상에 태어난 목적을 완수한 것이 됩니다.

우주에는 어떤 계획에 따른 섭리라는 것이 있습니다. 우리들은 그 섭리에 꼭 맞게 태어났지만 어떻게 사는지는 각자의 선택의 자유에 맡겨져 있습니다. 동양 속담에 "스승은 제자에 맞추어 설법 한다"는 말이 있습니다. 영적으로 받아들일 준비가 되어 있으면 진리의 문은 스스로 열립니다. 이쪽에서 열지 않아도 됩니다. 확연히 시야가 열리고 거기서 완수해야 할 일이 시작되는 것입니다.

인류는 물질문명을 자랑하고 있지만 영적으로는 아주 미숙합니다. 물질문명의 진보에 못지않은 영성의 발전이 간절하게 요구됩니다. 물질 쪽에 기울인 인간적 노력의 진보에 버금가는 진보가 정신과 영성 분야에 발휘되어야 합니다.

진보에 영성이 결여된 오늘날의 문명은 사용할 자격이 없는 힘에 의해서 자폭해버릴 위험에 직면하고 있습니다. 지상 생활의 근본이 되어야 할 영적 진리를 자각하고 생활하지 않으면 안 됩니다.

질투심, 언쟁, 살인, 전쟁, 혼란, 탐욕, 선망, 원한과 같은 것들을 일소해버려야 합니다. 그 대신에 보살펴주는 마음과 친절, 부드러움, 우애, 협력의 정신으로 생활 전체를 다스려나가야 합니다. 그러기 위해서는 영성에 있어서 인류는 하나라는 근본 인식이 필요한 것입니다. 절대로 구제불능의 암흑을 상상해서는 안 됩니다. 밝은 면이 있습니다. 왜냐하면 온갖 장애와 어려움 속에서 진보한다는 것은 단 한 발짝이라도 위대한 가치가 있기 때문입니다. 그리고 한 사람을 두 사람으로 두 사람을 세 사람으로 선도해 갈 수 있기 때문입니다.

영혼의 보배는 쉽게 얻어지는 것이 아닙니다. 만일 그렇다면 가치가 없는 것이 되고 맙니다. 아무 노력도 하지 않고 승리를 획득하면 그 승리는 진짜 승리라고 말할 수 없을 것입니다. 아무 고생도 하지 않고 정상을 정복하였다면 그것을 정복이라고 할 수 있을까요? 영적 진화라는 것은 앞으로 전진을 하면 할수록 고독하고 쓸쓸한 것입니다. 그것은 아무도 걷지 않은 불모지를 걸으면서 뒤에 오는 사람들에게 이정표를 남기는 일이기 때문입니다. 거기에 영적 진화의 진수가 있습니다.

원조를 구하는 진지한 기도가 무시당하는 일은 없습니다. 진심에서 우러나오는 기도로서 영적 교신이 이루어지는 동시에 원조를 받아들일 수 있는 문이 열리는 것입니다. 그때 일어나는 영적 현상의 상황은 도저히 말로서는 표현할 수 없습니다. 원래 지상 생활의 사건을 표현할 수 있도록 되어 있는 언어로서는 본질적으로 다른 영적 사건을 표현하는 것이 불가능합니다. 아무리 말해도 차원 높은 영적 실상을 표현하기엔 미숙하여 겨우 상징 정도의 표현밖에 할 수 없습니다.

아무튼 그 엄청난 영적 현상에 대한 믿음이 생겼을 때 당신은 영적 준비가 완료된 것입니다. 즉 일종의 깨달음이 열린 것입니다. 대부분의 사람들이 참다운 실재實在요 모든 것의 뿌리인 영성靈性에 눈뜨지 못하고 '눈 뜬 장님' 같은 생활을 하고 있습니다. 이렇게 살아있는 자체가 영적 존재하는 것, 그것이 육체를 도구로 삼고 살아 있다는 실상을 이해하지 못하고 있는 것입니다.

인간에게는 영이 있고 혼이 있다는 것을 믿고 있는 사람
조차도 실재는 육체이고 영은 그 부속물인양 착각하고 있
는 경우가 많습니다. 사실은 영이 주체이고 육체가 부속물
입니다. 즉 진짜 당신은 영입니다. 생명 그 자체이고 신성
神性을 지닌 영원한 존재입니다.

육체는 영이 그 기능을 행사할 수 있도록 만들어졌습니
다. 육체적 존재는 짧고 일시적인 것입니다. 용무가 끝나
면 붕괴해버립니다. 그러나 육체는 영이 제 기능을 다하도
록 하기 위해 태어난 것이기 때문에 중요합니다. 이 부분
이 이해되었을 때 비로소 당신 내부의 신성이 눈뜬 것입니
다. 육체적 속박에서 벗어나 영혼이 싹튼 것입니다.

그 다음은 당신의 손질 여하에 따라 아름다움과 풍족함
을 더해갈 수 있는 것입니다. 그렇게 될 때 비로소 지상생
활의 목적인 '영과 육의 조화로운 생활'이 시작되는 것입
니다. 영성을 전혀 행사하지 않고 생활하고 있는 사람은
마치 몸이 부자유한 사람처럼 영적 장애인이라고 할 수 있
습니다.

영성을 깨닫는 사람은 진리에 눈뜬 사람입니다. 신성이
눈뜬 것입니다. 그것은 인생에서 피상적인 것이 아니라 영
이라는 실재와 결합한 풍요를 섭취할 수 있는 발전 단계에
도달한 것을 의미합니다. 영혼의 풍요, 영혼의 보배는 지

상의 그 어떠한 보배보다도 훨씬 더 위대하고 아름답고 찬란합니다. 물질적인 것은 모두 퇴색하고 녹슬고 썩어 빠지지만 영혼의 보배는 한결같이 영원히 존속합니다.

영혼이 눈뜨면 그 속에 숨은 그 경이로운 위력을 인식하게 됩니다. 그것은 이 우주에서 가장 강력한 에너지의 한 가지입니다. 그때부터 영계靈界의 원조와 지도와 영감과 지혜를 받아들이는 길이 열립니다. 이것은 비단 지상에서 맺은 혈연관계의 영들과 밀접하게 가까워질 뿐만 아니라 혈연관계가 전혀 없지만 더욱 중요한 영들과의 관계도 긴밀하게 연결됩니다. 그 존재를 인식하는 정도 이상으로 당신의 생활에 관여하여 구원의 손길을 뻗어주는 것입니다.

이 영적 자각이 확립되었을 때 당신은 이 지상의 수단으로서는 줄 수도 받을 수도 없는 것, 반석 같은 부동의 자신감과 냉정과 견인불발堅忍不拔의 마음을 소유할 수 있게 됩니다.

거의 대부분의 인간이 아무 쓸모없는 것을 구하고 필요 이상의 재산을 모으기 위해 기를 쓰고 있습니다. 제발 어디라도 좋으니 씨를 뿌릴 만한 곳에 한 알이라도 씨를 뿌려 주십시오. 냉정한 거절을 당해도 상대하지 마십시오. 논쟁을 하면 안 됩니다. 전도사인 척하는 태도도 좋지 않습니다. 무리해서 뿌려도 불모의 땅에는 결코 뿌리가 내리지 않습니다. 뿌리 내릴 곳에는 때가 되면 반드시 뿌리가 내립니다. 당신을 멸시하고 욕설을 퍼붓는 사람들조차 언젠가는 그 필요성을 통감하고 저쪽에서 먼저 당신을 찾아올 것입니다.

우리들을 서로 이어주는 끈은 신神의 끈입니다. 사랑의 끈입니다. 신은 사랑으로 모든 존재를 포용하고 있습니다. 신의 섭리에 따라 충실하게 생활하면 신과의 사랑의 끈을 단절시키는 일은 절대로 일어나지 않습니다

우주의 대령大靈인 신은 결코 우리를 버리지 않습니다. 따라서 우리들도 신을 버리는 일이 있어서는 안 됩니다. 우주 속의 모든 생명 현상은 정해진 궤도를 충실하게 순환하고 있습니다. 지구는 지축을 중심으로 자전과 공전을 하고 있고 조수는 정해진 간격으로 밀물과 썰물을 되풀이하고 있으며, 혹성도 정해진 궤도 위를 운행하며 춘하추동의 영원한 순환을 되풀이하고 있습니다.

종자는 눈을 뜨고, 꽃을 피우고, 말라죽고 그리고 다시 새 눈이 뜨기를 되풀이하고 있습니다. 형형색색의 새들이 즐겁게 노래하고, 초목들은 평화롭게 바람에 나부낍니다. 이와 같이 모든 생명이 법칙에 따라 생명활동을 영원히 이어가고 있습니다.

우리들이 아무리 발버둥질 쳐도 그 신의 틀에서 벗어날

수 없습니다. 우리들 자신도 그 우주의 일부를 구성하고 있기 때문입니다. 어디에 있든 우리들은 신의 무한한 사랑에 둘러싸여 신의 에너지 속에서, 신의 손바닥 위에 있다는 사실을 잊어서는 안 됩니다.

평화와 전체의 복지를 위해서 그 의지를 표명할 경우
현실적으로는 데모나 투쟁밖에 없다. 이런 행위는
신의 뜻을 거역하는 것일까?

　원인과 결과라는 것은 정도正道에서 반드시 따라다니는
기본 법칙입니다. 질병, 재난, 사업부진, 가정불화, 사회
불안 등 모든 것이 원인이 있기 때문에 결과로 나타나는
것입니다.

　공해에 있어서도 마찬가지입니다. 독성의 음식을 같이
비슷하게 먹었어도 중태에 빠지는 사람이 있고 죽음에 이
르는 사람이 있듯이 사람마다 제각기 다릅니다. 그때그때
의 건강 상태와 곁들인 음식물의 복합 관계에 의해서 구체
적으로 서로 다른 점이 있을 것입니다.

　그러나 그 이전의 문제가 있습니다. 즉 평소의 상념과 행
위가 그때의 건강 상태와 곁들이는 음식물과의 복합관계
에서 원인을 만들고 있다고 말할 수 있는 것입니다.

　원인과 결과에 대해서는 이렇게 말하는 사람이 있습니
다. 사시장철 불평불만을 지껄이고 있는 입안은 헐고, 구
내염口內炎이 걸리고, 엉덩이가 안정되어 오래 앉아 있지

못하기 때문에 치질이 생긴다, 성욕이 강하기 때문에 눈이 나빠지고, 콩이다 팥이다 곧잘 따지기 때문에 콩팥이 나빠진다 등의 이야기가 있지만 실제로는 그렇지 않습니다.

불평불만만 늘어놓는 사람 가운데에도 치질이 있는 사람, 눈이 나쁘고 콩팥에 이상이 있는 사람, 신경 쇠약을 일으키는 사람도 있습니다. 이것은 부모로부터 이어받은 육체 유전이나 체질에 의한 것이지 상념의 상태와 질병의 종류 사이에 일정한 형이 있는 것은 아닙니다.

이 점을 오해하면 큰일입니다. 공해병도 그 사람 나름대로의 상념, 즉 마음과 직접 관계가 있다는 것을 꼭 명심하시기 바랍니다.

다음으로 평화를 위해서 데모를 한다든지, 복지 향상을 위해서 투쟁을 한다는 문제인데, 목적이 평화이면 수단도 평화여야 합니다. 목적이 평화이고 수단이 투쟁이라면 목적도 투쟁이 되고 맙니다.

전국 시대의 무장들의 흥망성쇠를 보면 짐작할 수 있는 일입니다. 그들은 평화를 원하면서 싸우고, 평화를 유지하기 위해서 무력을 양성합니다. 이 때문에 이웃 나라의 불신을 불러 전쟁에서 해방되는 날이 없었습니다.

마호메트라는 사람은 한 손에는 코란(평화), 다른 한 손에는 칼(무력)을 쥐고 행사하였습니다. 거기에는 커다란 모순이 있습니다.

모세와 예수님, 석가모니 부처님의 생애를 보면 무력이라는 것이 무엇을 의미하고 목적이 평화라면 수단도 또한 평화가 되지 않으면 안 된다는 것을 이해할 것입니다.

전체의 행복과 복지를 위해서 데모를 하고 여론을 움직이게 하기 위해서는 데모가 가장 발 빠른 길이라고 생각하는 것도 무리가 아닙니다.

하지만 정도正道는 안에서 밖으로 영향을 끼쳐 가는 것입니다. 그러면 정도正道의 실천은 어떻게 해야 한다는 것인지 짐작이 되실 것입니다.

전체의 행복을 원한다면 우선 자기 자신의 마음의 행복부터 다져야 합니다. 행복이 무엇인지도 모르면서 어떻게 남에게 그 행복을 나눠 가지게 할 수 있겠습니까?

정도正道는 우선 자신의 행복에서부터 출발합니다. 그리고 전체를 구성하는 한 사람 한 사람의 행복이 목적입니다. 한 사람 한 사람이 어둡고 흐린 전체여서는 안 된다는 점을 명심하시기 바랍니다.

나는 옳다고 생각하지만 다른 사람은 다르게 생각하는 경우가 있다. 정도正道에서 올바름의 기준은 무엇인가?

경험과 지식이나 과거세의 수행 정도와 금생의 생활환경에 따라 올바름의 기준이 달라지는 것이 사실입니다.

정도正道의 목적이 좌우에 기울어지지 않는 중도에 있으므로 자기의 입장을 버리고 항상 제삼자의 입장에서 보고, 듣고, 말하며, 생각하는 태도가 중요합니다. 올바름의 기준은 '전체와의 조화'에 있는 것입니다. 그 조화는 보다 높은 차원의 조화를 척도로 삼아야 합니다.

그 기준의 예를 들어보겠습니다.

우선 저 세상을 크게 유계幽界(4차원), 영계靈界(5차원), 신계神界(6차원), 보살계菩薩界(7차원), 여래계如來界(8차원)의 다섯 단계로 구분할 수 있습니다. 그리고 다섯 단계에는 각각 저마다의 올바름의 기준이 지배하고 있습니다.

첫째로 유계幽界(4차원)는 자기라는 입장이 올바름의 척도가 되어 있습니다. 자기만 좋으면 남이야 어떻게 되든 상관없다는 이기심이 자리 잡은 에고ego의 세계이며, 자기보존이 무엇보다 강조되어 자기보존을 손상시키는 것은 옳지 않으며, 악으로 통한다는 사고방식입니다. 현실사회는 유계의 이런 사고방식이 지배하고 있는 것 같습니다.

둘째로 영계靈界(5차원)는 남에게 준 것만큼 베푼 것만큼 되돌아오지 않으면 마음에 불만을 품는 사고가 지배하고 있습니다. 여기에서는 지상의 상식과 관념이 가치의 척도가 되어 있습니다.

셋째로 신계神界(6차원)는 어떤 사람으로 인해 손해를 당해도 그를 비난하지 않습니다. 그를 비난하기 전에 우선 그 원인을 살펴보고 두 번 다시 그런 원인을 짓지 않으려고 노력하는 세계입니다. 올바름의 척도를 다른 곳에서 구하기 전에 자신 안에서 구하고 제삼자의 입장에서 항상 전진적 자세로 노력하고 있는 사람들의 집단사회가 신계입니다.

이렇게 세 단계만 살펴보고도 정도正道의 척도가 어느 단계에 해당되는지 짐작할 수 있을 것입니다. 정도正道의 올바름은 유계나 영계가 아니라 신계에 있습니다. 만일 당신이 지금까지 올바름의 기준을 영계에서 구해왔다고 한다면 당신은 당신의 마음을 올바르게 파악할 수 없습니다. 자기 마음에 없는 것을 행동으로 표현할 수는 없기 때문입니다. 이 진리眞理를 깊이 명심하시기 바랍니다. 기쁨도 슬픔도 당신의 상념이 만들어 내고 있는 것이며, 생각하는 것이나 염원하는 것은 모두 당신 자신을 만들어 내고 있습니다.

또 한 가지 중요한 것은 인간의 마음은 두 가지가 될 수 없다는 것입니다. 소설이나 연극에서 슬픈 장면이 나왔을 때 당신은 웃습니까? 반대로 우스운 장면이 나왔을 때 당신은 화를 내거나 울음을 터뜨립니까? 그런 일은 없을 것입니다. 그것은 인간의 마음이 모두 한 가지라는 증거입니다.

그러므로 자신의 마음을 알면 다른 사람의 마음도 알게 된다는 것입니다. 신계의 척도로써 자기의 마음의 움직임을 살펴나가면 남의 마음을 알 수 있게 되어, 남의 슬픔은 나의 슬픔이 되고, 남의 기쁨은 나의 기쁨으로 느껴지는 것입니다.

그럼 나머지 두 단계를 살펴보겠습니다.

네 번째 단계인 보살계菩薩界(7차원)는 자비와 사랑의 마음이 우선되는 단계입니다. 보살은 항상 신의 마음을 척도로 삼고 자비행慈悲行, 사랑행愛行에 일신을 던지고 있는 사람을 가리키고 있습니다. 보살계의 올바름의 기준은 이 세상의 인간 사이에 있다기보다는 신에 있습니다. 인간의 칭찬과 비난의 소리에 마음이 동요하지 않으며 신의 사랑으로 인간을 살려나가는데 인생의 목적을 구하고 있습니다.

세계는 각각 달라도 인간의 마음은 둘이 아니라 한 가닥으로 신神=宇宙意識과 연결되어 있으므로, 그 신성을 더럽히는 것은 자신을 괴롭히고 남을 슬프게 하는 행위인 것입니다. 보살계의 가치의 척도는 신이며, 거짓이 없는 인간의 마음입니다.

마지막으로 여래계如來界(8차원)는 가치의 척도가 없는 가장 최상의 단계라고 할 수 있습니다. 여래의 마음에 이르면 신의 의식과 일치되는 것이므로 중생을 제도하겠다는 마음뿐입니다. 가치의 척도도 없으며 우주의식과 자신의 의식이 하나인 상태입니다. 우주에 불순한 파동이 일어나면 그 파동을 정순正純한 것으로 정화시키지 않으면 안되기 때문에 여래계에 있는 분이 이 세상에 태어나 설법을 하고 조화롭고 평화로운 지상을 만들기 위해 광명을 내려주는 빛이 되는 것입니다.

이제 올바름의 기준을 이해하셨습니까? 당신은 어느 단계에서 올바름의 기준을 찾고 있는지 잘 생각해보십시오.

예수 그리스도는 바다를 걷고 몇 조각의 빵으로 수천 명의 기아를 해결하는 영능자라고 한다. 그런데 어떻게 십자가에 못 박혔으며, 또한 숨을 거두기 직전에 "하나님! 어찌하여 나를 버리셨나이까?"라고 말씀하셨는가?

바다 위를 걸었던 예수 그리스도는 광자체의 예수님이었으며 육체의 예수님은 아니었습니다. 이것을 본 제자들의 눈은 육안의 눈이 아니라 심안靈眼의 눈이었던 것입니다. 그러나 제자들은 그것이 심안인지 육안인지 아직 그 자각自覺이 없었던 것입니다.

몇 조각의 빵으로 수천 명의 굶주림을 채워준 것은 사실입니다. 그러한 영능자가 어떻게 체포되었던가요. 십자가에 못 박히는 것을 예수님는 이미 알고 있었고 죽은 후의 부활까지도 알고 있었습니다. 저 세상에서 가르쳐줬던 것입니다.

십자가 형刑의 원인은 예수님 자신의 격렬한 기질에 있었습니다. 마왕에 빙의된 사람이 많았기 때문에 마왕의 분노를 샀던 것입니다. 그러나 십자가에 의해서 사랑의 신리

神理가 더욱 많은 사람들의 마음속에 싹터 마왕은 결국 예수님에게 패배하였습니다.

십자가와 부활로 사랑의 신리는 전 세계에 전파되어, 예수님의 신리는 2천 년이 지난 오늘날까지 인류의 가슴에 새겨져 있습니다. 그리고 "나의 하나님, 나의 하나님, 어찌하여 나를 버리셨나이까?"라고 숨을 거두기 직전에 십자가상의 예수님은 큰 소리로 부르짖으셨다고 마태복음에 기록되어 있습니다.

그러나 누가복음 23장에는 "아버지, 제 영혼을 아버지 손에 맡깁니다."라고 되어 있습니다. 도대체 어느 쪽이 사실일까요?

예수님은 사전에 십자가도 부활도 알고 있었습니다. 유다가 자신을 바리세인에게 팔아넘긴다는 것, 베드로가 거짓말을 한다는 것도 다 알고 있었습니다.

성서나 불경은 여러 사람의 손에 의해 쓰인 것입니다. 성서는 예수님이 직접 쓴 것이 아닙니다. 그렇다면 쓰는 사람의 마음의 상태, 기근에 따라 표현의 차이가 생기게 되며, 잘못도 있을 수 있습니다. 더욱이 이것을 번역하는 사람의 마음에 따라서 달라질 수도 있습니다.

마태복음과 누가복음이 사실이라고 생각하는 사람도 있겠지만, 이때의 예수님은 "하나님, 사람들을 버리지 마십시오, 그들은 그들의 할 바를 모르고 있기 때문입니다."라는 것이었습니다.

성서든, 불경이든 문자에 사로잡히면 그 진의를 못 보게 됩니다. 전체의 큰 뜻을 파악하는 것이 중요합니다.

구약성서는 어느 정도가 진실일까? 모세가 믿었던
여호와의 신과 예수 그리스도의 신과의 차이는
무엇이고, 구약과 신약의 관계를 어떻게 보아야
하는가?

구약성서는 원래 석관이라는 엷은 석재에 새긴 상형문
자로써 오늘날 세계 각국어로 번역되어 전달된 것입니다.
3천년 이상이나 오래된 창세기, 출애굽기, 레위기, 민수
기, 신명기 등은 문자의 일부분이 지워져 후세인의 지식知
과 생각意이 가미됐습니다.

또 구약성서는 신약과 마찬가지로 한 사람의 손에 쓰인
것이 아니므로 필자의 지식知과 생각意이 상당부분 가미되
었습니다.

따라서 필자에 따라 내용이 달라지게 됩니다. 또 오늘날
처럼 종이 위에 펜으로 써내려가는 간단한 것이 아니라 돌
에 새겨나가는 어려운 작업을 거쳐 기록한 것이므로 충분
한 설명을 할 수 없었던 점도 고려할 필요가 있습니다.

모세 앞에 나타난 신은 여호와가 아니라 아몬이라는 빛
의 대지도령이었으며 후에 예수 그리스도 앞에 나타난 신

은 엘리아라고 되어 있지만 실제는 간따래였습니다. 얼굴이 닮았기 때문에 예언자 엘리아가 나타났다고 전해진 것입니다. 이점은 여호와에 있어서도 마찬가지로 잘못 전해진 것입니다.

구약은 예언의 서이며 신약은 그 예언을 구현시킨 것이라고 되어 있지만, 신약과 구약의 정신은 다르지 않습니다. 다만 구약에 나타나는 전쟁의 역사는 지상의 인간들이 받아들이는 태도에 문제가 있었으며 그 때문에 신의 이름 아래 싸움으로 치달은 것입니다.

자비와 사랑의 신이 전쟁을 원할 리가 있겠습니까? 모세에게 나타난 신의 사랑의 노여움은 틀림없이 모세를 통해서 전달된 것입니다. 그러나 모세는 결코 신의 이름으로 단 한 번의 살인도 저지르지 않았습니다.

출애굽기에 나타나는 전쟁은 인간 사이에 잘못 전달되어 일어난 사건입니다. 모세는 수만 명의 노예들을 이끌고 유랑의 길을 떠납니다. 그 수만 명의 노예들은 모두가 무지한 문맹자였습니다. 그래서 여행 도중 모세의 뜻에 거슬러, 모세나 여호와의 이름을 팔고 지역 주민들을 약탈하고 살인하는 자가 나타났던 것입니다.

생각해보십시오. 예수님의 제자 베드로조차 예수님의 뜻을 잘 새기지 못하여 바리세인에게 세 번이나 거짓말을 하여 자신의 안전을 구하고 있지 않습니까?

예수님의 첫째 제자가 그 정도인데 하물며 모세의 얼굴을 본 적도 없는 수만 명의 노예 중에 모세나 여호와의 신에 거슬러 자신의 욕망을 채우려고 한 사람이 나타나는 것은 당연한 일이 아니겠습니까?

또 실제로 이러한 사건을 어떻게 방지하는가? 신은 만능이지만 그것을 방지하는 것은 각자의 마음 밖에 없습니다.

구약에 있어서는 번역자의 생각意이 상당히 가미되어 있습니다. 그러나 모세 이후는 신의 이름 아래 전쟁의 역사가 전개됩니다.

이것은 신의 목소리를 받아들이는 마음의 허용량에 문제가 있기 때문입니다. 마음이 조화되어 신의 목소리를 받아들일 수 있는 그릇이 되어 있다면 전쟁으로 치닫는 일은 절대로 없기 때문입니다. 전쟁을 지시한 신은 모두 악마입니다. 여호와의 이름을 사칭한 악마입니다.

역사에 나타나는 인물들의 마음은 어느 때는 조화롭고, 어느 때는 그렇지 않기 때문에 그가 부조화일 때 악마가 전쟁을 부채질한 것입니다.

예수님은 피로 얼룩진 잘못된 신앙을 바로잡기 위해 원수를 사랑하는 아가페(신의 사랑)를 설교합니다.

모세의 시대는 저 세상에서 "살인을 하지 말라. 남의 물건을 훔치지 말라." 등으로 그 시대에 알맞은 율법正法을 제시했습니다. 그 후 계율화된 율법의 멍에에서 인간을 구하기 위해서 예수님은 사랑 한 가닥으로 집약하여 마지막에 자신의 목숨을 바쳐 행동으로 인간의 방향을 제시했던 것입니다.

예수님이 살아 계시던 그 시절에는 설교의 대상이
글을 읽거나 쓰지 못하는 사람들이었다. 그래서
누구나 쉽게 이해하고 실천할 수 있는 아주 쉬운
말씀을 들려 주셨는데; 그때 하신 말씀은 어떤 것이
있는가?

예수님의 말씀을 요약하면 다음의 다섯 가지 메시지로
요약할 수 있습니다.
 1. 항상 사람을 사랑하는 마음을 가져라.
 2. 남을 심판하지 말라.
 3. 사람은 모두 평등하다.
 4. 사람 위에 서려고 하지 말라.
 5. 사람들의 발을 씻어줄 수 있는 겸손한 마음을 가져라.

위의 다섯 가지를 간단하게 한 문장으로 말하면 "남에게
도움이 되는 삶을 살아라." 라는 것입니다.
 이 말을 평생 실천하신 분이 있습니다. 태어나서 자기는
없고 오직 남을 위해 전 생을 바친 분이 바로 테레사 수녀
입니다.

자기완성은 남을 위해서 살 수 있는 기술을 습득했을 때 달성되는 것입니다.

테레사 수녀도 자기완성을 위해 끊임없이 노력하신 분이라 생각됩니다.

자연의 법칙 중 산울림의 법칙에는 작용과 반작용의 법칙, 순응의 법칙이 있습니다. 이러한 원리는 자연계에만 적용되는 것이 아니라 우리의 마음과 행동에도 그대로 적용되고 있습니다.

남을 비방하거나, 질투하거나, 미워하거나, 중상모략 등을 하면 그 반작용은 반드시 자신에게 돌아옵니다. "선인선과, 악인악과"의 뜻처럼 좋은 일을 하면 반드시 좋은 결과를 체험하고 악한 생각, 악한 일을 하면 고통의 체험을 하게 되어 불행한 인생을 살게 됩니다.

항상 좋은 일, 선한 생각을 하면 성공적인 인생을 살아가게 될 것입니다.

그리고 순응의 법칙이 있습니다.

우리가 경험하는 좋고 나쁜 모든 것에 대해 감사하는 마음을 가져야 한다는 것입니다. 우리가 이 세상에 태어날 때 가지고 온 것이 아무 것도 없습니다. 빈손으로 태어난 우리가 이 땅에 와서 경험하고 체험하는 모든 것이 감사할 따름입니다. 하지만 감사하는 마음을 갖지 않는다면 자기

완성이나 축복은 없을 것입니다.

어떠한 경험을 하더라도 내가 하는 경험은 반드시 최고의 결과로 이어질 것이라고 믿어야 합니다. 그런 믿음을 마음에 깊이 새겨 두면 성공적인 인생을 살 수 있을 것입니다. 또 나를 둘러싸고 일어나는 좋고 나쁜 모든 일들은 그 원인이 나 자신이라는 것을 알아야 합니다. 나 자신이 아는 사이 혹은 모르는 사이에 어떤 단체의 일원이 되어서 교리나 사상의 노예가 되는 것도 모두 자기에게 원인이 있는 것입니다. 원인과 결과의 법칙이 이해될 때 세상에 용서하지 못할 일은 하나도 없습니다.

국가든 개인이든 우리에게 현재 일어나는 일들은 과거에 행했던 어떤 것들이 원인이 되어 현재 그 결과로 나타납니다. 좋은 결과가 나타나도록 오늘 하루를 성실하고 정직하게 살아야 할 것입니다. 그리고 그런 좋은 원인들을 많이 만들어야 합니다.

현명한 사람은 항상 겸손합니다.

자신을 존대尊大하게 보이려는 마음은 그것과 정반대의 결과를 얻게 되며 인생행로가 순조롭지 못함을 경험하게 될 것입니다. 남에게 존경을 받으려고 의도하지 말고 오히려 아랫사람의 발을 씻어줄 수 있는 겸손한 마음가짐이 중요한 것 같습니다.

위의 다섯 가지 위대한 가르침을 마음에 새겨서 매일 실천함으로써 자신도 모르는 사이에 우주의 법칙, 자연의 법칙과 동화同化해 가는 자신을 발견하게 될 것입니다.

또 이 가르침을 실천했을 때 하나님은 인간에게 줄 수 있는 최고의 축복을 내려 주시며, 가르침을 참고로 하루하루를 살아간다면 각자가 꿈꾸는 미래는 반드시 이루어지리라 믿습니다.

나는 오늘 하루 얼마나 감사하는 마음으로 보냈는가를 생각하며 매일 자기 자신을 조용히 되돌아보는 시간을 가져보면 좋겠습니다.

진정한 감사와 기쁨 속에는 반드시 축복이 있습니다.

매일 순간순간 감사하는 마음을 가지고 생활 하기를 권하고 싶습니다.

예수님의 부활은 영혼의 자유성을 증명한 것이다.
인연과 인과因果, 운명과 인간의 자유성은 무엇인가?

　인연과 인과는 순환의 법칙을 말합니다. 즉 악을 생각하
면 악이 돌아오고 선을 행하면 선이 돌아온다는 것입니다.
따라서 인연과 인과는 매우 숙명적이며 피할 수 없는 성질
을 지니고 있습니다.
　전생의 인연이 금생의 인과를 낳고 있다고 흔히 말하고
있습니다. 저 세상의 생활이 전생과 금생 사이에 이루어지
고 있으며, 전생의 인연을 수정해서 태어나는 것이므로
전생의 인연이 그대로 이번 생애에 나타날 수 없습니다.
　따라서 전생에 나쁜 짓을 했기 때문에 금생에서 고생한
다는 말은 도리에 맞지 않습니다. 단지 이런 말은 할 수 있
습니다. 전생의 인연은 금생에서도 그 연緣에 끌릴 요소를
지니고 있습니다. 그 때문에 전생과 마찬가지의 일을 되풀
이하는 경우가 종종 있습니다. 전생에서 상인이었던 사람
이 금생에서는 의사가 되기로 결심했다가 환경이나 기타
이유에서 전생의 경험에 이끌려 또 다시 상인이 되는 경우
처럼 말입니다.

인연과 인과는 금생에서 지은 인연의 인과가 따라다닌 다고 보아야 합니다. 악한 사람은 잘 사는데, 착한 사람이 고통을 받는 것은 모순이 아니냐고 반문하는 사람이 있을 것입니다. 악인이 겉으로는 잘 사는 것처럼 보여도 그 사람의 마음 상태를 보면 지옥일 경우가 많습니다. 따라서 인연과 인과는 외면만으로는 속단할 수가 없는 것입니다.

다음으로 운명運命이란 글자 그대로 명命을 운반한다는 뜻으로 일반적으로는 숙명적인 것처럼 보이지만 그렇지 않습니다. 운명은 자력으로 개척해 나가는 것입니다. 환경이나 주위 상황에 떠밀려가서는 안 됩니다.

인간에게는 저마다 금생에서 이루어야 할 역할이 있습니다. 남녀의 차이, 재능의 차이, 성격의 차이, 그릇의 크고 작은 차이가 있지만 그 조건에 따라 금생의 역할을 수행해 가는 것이므로, 이런 의미에서 개개인의 운명은 정해진 것이라고 할 수 있을지 모르겠습니다.

인연과 인과가 그대로 숙명적인 운명이 되어 나타난다는 것은 원리적으로는 할 수 있는 말이지만, 인간은 본디 자유롭게 사유하고 창조하는 능력을 가지고 있기 때문에 숙명적인 운명에 자신이 희롱당하는 것은 자신을 상실하는 것을 의미하며, 그것은 정도正道에서 보면 대단한 마이너스가 되는 일입니다.

악인악과惡因惡果의 운명에 대해서 반성하고 자신의 마음을 정도正道로 돌려놓았을 때에는 그 운명에 희롱당하지 않는 자신이 되는 것이 중요합니다. 하나님의 자녀로서의 자신의 확립은 곧 자기의 운명을 개척해나가는 마음의 자유자재성을 지니게 되는 것이며, 인간의 본질은 그러한 자유성에 의해서 살려지는 것입니다.

예수님은 십자가에 매달렸지만 사흘 후에 부활하였습니다. 인간 영혼의 자유성을 증명했던 것입니다. 십자가라는 수난의 운명은 있었지만 그 운명을 유유히 뛰어 넘어 영혼의 자재성自在性과 마음의 자유성自由性을 부활이라는 사실로써 증명했던 것입니다.

예수님의 부활은 기적이 아니고 법칙法則에 따른 자연현상입니다. 말하자면 모든 인간은 법칙에 의해서 태어나고 죽으며 또 태어납니다. 생명의 법칙이 그렇게 되어 있기 때문입니다.(생명불멸의 법칙) 그것이 예수님이 아니고 십자가의 고통에 마음이 사로잡히는 사람이었다면 저 세상에서도 그 고통 속에 함몰되고 말았을 것입니다.

선인선과善因善果를 명심하여 마음의 자유성을 인식하여, 운명에 휘말리지 않고 위대한 가르침으로 그 운명을 개척해 나가는 자기를 확립함이 바람직합니다.

우리 함께 노력해 가면 어떻겠습니까?

생명이란
무엇인가?

질병의 원인은 무엇이며, 질병에서 해방될 수는 없을까?

  우선 질병의 상태에 대해서 설명 드리겠습니다. 질병은 육체가 아프다기보다는 육체세포를 장악하고 관리하고 있는 의식이 아픈 것입니다.

  위장에는 위장의 의식이 있고 심장에는 심장의 의식이 있습니다. 그 의식이 정상적인 활동을 하지 않을 때, 그 부위가 병들고 아프게 되는 것입니다. 물론 한 부위가 아프면 몸 전체에도 영향을 주고 활동을 약화시킵니다.

  인간의 의식은 크게 영혼의식靈魂意識과 신체의 각 부분을 움직이고 있는 세포의식細胞意識으로 나눌 수 있습니다. 질병은 양쪽 모두가 아픈 것인데 그 원인은 표면의식表面意識(표면의식의 안에 있는 想念帶 의식도 포함)에 있습니다.

  무서운 것을 보면 몸이 오므라들고, 화가 나면 심장 박동 수가 빨라지고, 웃고 나면 배가 고파지는 것처럼 표면의식과 세포의식은 서로 밀접한 관계가 있으며, 세포의식은 항상 표면의식에 의해서 좌우됩니다. 따라서 선천적인 것을 제외하고는 질병의 대부분은 표면의식에서 그 원인을 찾을 수가 있습니다. 그리고 세포의식의 질병은 육체 유전의 경우도 많습니다.

인간의 영혼의식靈魂意識=潛在意識層은 신의 자녀이기 때문에 질병에 걸리는 일이 없습니다. 즉 의식의 중심인 마음은 병들고 아플 수가 없습니다. 단 사람에 따라서는 영혼 의식층에 있는 수호령이 표면의식에 보조를 맞추어 아플 경우도 있지만 의식의 중심인 마음까지 아플 수는 없습니다.

이렇게 마음 쪽 측면만을 본다면 질병이란 원래 없지만 현실적으로 질병은 있습니다. 질병의 원인은 성냄, 시기, 질투하는 대립감정에 의해 생겨난 것이고, 대립감정은 상념에서 비롯됩니다. 이것을 석가모니 부처님은 카르마[業], 예수님은 원죄라고 하였습니다.

이러한 카르마·원죄의식이 표면의식을 통해서 상념대에 질병의 집을 짓고 육체적 질병의 모습으로 나타나는 것입니다.

그런데 가령 태어나서 죽을 때까지 정도正道대로 생활한 사람이 있다고 합시다. 그러면 그 사람은 질병에 걸리지 않을까요? 그 역시 병에 걸려 아프기도 합니다. 후천적으로는 훌륭해도 선천적인 카르마가 표면으로 나오기 때문입니다. 이 세상은 과거세의 카르마를 수정하기 위해서 태어났기 때문에 후천적인 이유만으로 질병에 시달리는 것이 아닙니다.

이럴 경우 선천적인 열 가지의 업(카르마)은 후천적인 선행으로 인해 다섯이 되고 셋이 되고 하나로 줄어듭니다. 말하자면 선과 악의 상쇄작용相殺作用이 일어나는 것입니다. 이런 의미에서 인간은 현세에서 깨달음을 얻었다고 해서 질병에서 해방될 수는 없습니다. 깨달음에 한계가 없는 것처럼 잘못은 인간에게 늘 따라 다니는 것이기 때문입니다.

질병의 종류는 대별하면 세 가지가 있습니다.

첫째는 순전히 육체적인 소모에서 오는 것

둘째는 빙의 현상憑依現象

셋째는 수호령에 의한 작용입니다.

첫째는 정신이 앞서고 육체가 따라가지 못할 경우입니다.

둘째, 빙의 현상은 질병의 태반을 차지하며 지옥령과 동물령에 빙의되는 경우를 말합니다. 이때에는 자기보존의 아집我執이 주요한 원인이 되며, 반성해서 그릇된 상념행위를 개선하지 않는 한 질병의 상태는 호전될 수가 없습니다.

셋째, 수호령의 작용에 의한 고통은 본인의 자각이 선결되어야 합니다. 마음이 정도正道에서 벗어난 무엇이 있다는 것을 경고해주는 신호라는 것을 알아차리고 중도 즉 여덟 가지의 바른길에 의한 반성을 해야 한다는 것입니다. 아무튼 어떠한 종류의 질병이었든 상념행위에 그 원인이 있다는 점을 명심해야 합니다.

오늘날 사회문제로 대두되는 안락사를 저 세상에서는
어떻게 보는가?

   안락사의 문제는 이미 죽음이 결정된 환자에게 조금이
라도 그 고통을 덜어주고, 마음 편하게 저 세상에 보내고
싶은, 이를테면 인간적인 배려에서 나온 것 같습니다.
   하지만 과연 이것이 정말로 인간적인 행위인지는 한 번
재고해 볼 필요가 있습니다.
   인간의 목적은 지상의 낙원·유토피아의 실현과 영혼의
수행에 있습니다. 그 목적의 하나인 영혼의 수행은 희로애
락을 통해서 둥글고 풍부하게 성장하고 번뇌는 마침내 보
리로 승화하는 것입니다.
   불치의 병이 코앞에 닥쳐와 고통에 시달리고 있는 모습
을 보면 조금이라도 그 아픔을 덜어주고 편안하게 죽음을
맞이하게 해주고 싶은 것이 인정입니다.
   그러나 가혹한 질문 같지만 도대체 그 불치병의 원인은
누가 지은 것입니까? 고통을 느끼는 것은 육체가 아닌 마
음입니다. 그러므로 설령 안락사를 시켰다 해도 저 세상에
가면 또 다시 같은 고통이 되풀이됩니다.

• 마음의
    거울을
  닦다

인간의 마음과 영혼은 죽음이 없고 죽음을 모르기 때문입니다. 이것을 다른 보기로 설명하면 마음의 괴로움을 술을 마셔서 일시적으로 달랬다 해도 술이 깨고 나면 또 다시 같은 괴로움이 덮쳐오는 것과 마찬가지 이치입니다. 안락사의 경우는 그 고통을 제삼자가 모른다는 것뿐입니다.

안락사의 또 한 가지 문제점은 인생의 목적에서 벗어나는 것이라는 점입니다. 즉 질병을 통해서 반성의 기회가 부여되는 것인데 그 기회를 표면적인 이유로 제삼자가 멋대로 처리한다는 것은 반성의 기회를 박탈해버리는 짓이 됩니다. 설령 당사자가 안락사를 원한다 해도 육체 그 자체는 신에게 부여받은 것이며 제멋대로 처리한다는 것은 신의 사랑을 부정하는 행위가 되며 자기 자신의 생명에 대한 부정도 되는 것입니다. 따라서 자살의 죄는 가장 무거운 것입니다.

또한 불치의 병일수록 본인의 반성은 물론, 가족들의 반성까지 요구되는 것이며 이런 의미에서 안락사의 시비는 이해되리라 믿습니다.

못생긴 사람은 저 세상에 돌아가서도 그대로일까?
아니면 마음 상태에 따라서 외모가 달라질까?

　얼굴이나 체격과 같은 외모는 이 지상의 육체 유전에 크게 좌우됩니다. 흰 피부를 원하지만 흑인의 아이로 태어나면 검은 피부가 될 것입니다. 그 반대의 경우도 있을 것입니다. 육체는 부모로부터 받은 것이기 때문에 당사자의 영혼과는 상관없는 일입니다.

　미인은 여러 방면에서 이익을 많이 보지만 미인이기 때문에 온갖 재난을 당하는 사람도 많습니다. 또한 미인이기 때문에 엉뚱한 자부심이 생겨 허영과 오만에 빠지는 경우도 있습니다.

　얼굴이나 몸매가 아름다워도 마음이 추하면 그 사람의 광자체는 어두워지고 지옥의 귀신이 그 마음에 기행하게 됩니다. 그런 사람이 저 세상에 돌아가면 이 세상의 아름다운 미인이 아니라 험악한 형상의 귀신이 되고 맙니다.

　저 세상은 마음의 세계입니다. 생각하는 것이 그대로 나타나기 때문에 이 세상의 모습과는 다른 것이 되고 맙니다. 대부분의 사람들은 늙어서 저 세상에 돌아갑니다. 그렇기 때문에 늙은 모습 그대로일 것이라고 생각할 수도 있지만 그렇지 않습니다.

　마음이 젊으면 백발은 사라지고 젊은 청년의 모습으로 돌아갑니다. 반대로 젊어서 죽었기 때문에 젊은 모습이 되는 것은 아닙니다. 모두 그 사람의 마음 상태가 외모를 결정짓기 때문입니다.

　그러므로 이 세상에서 부모로부터 받은 외모가 추하다고 해서 저 세상에 돌아가서도 같은 모습일 수는 없는 것입니다. 다만 부모로부터 받은 못생긴 얼굴에 마음이 사로잡혀서 자기는 못생겼다고 생각한다면 저 세상에 돌아가서도 이 세상의 모습이 그대로 남아 추하게 되는 것입니다.

　중요한 것은 마음입니다. 육체나 외모가 아닙니다. 또 외모는 그 사람이 금생에서 영혼을 수행하는데 필요한 재료에 불과한 것입니다. 특히 남성보다 여성의 경우 이 문제는 더 크게 강조되어야 할 것 같습니다. 외모가 그 사람의 운명을 결정짓기도 하기 때문에 남성과는 다른 요소를 여성 쪽이 가지고 있는 것 같습니다.

　하지만 미인이라고 해서 앞서 말한 바와 같이 오만과 허영에 빠진다면 젊을 때는 괜찮지만 늙으면 비참해질 것입니다. 아무리 빼어난 미인이라도 언제까지나 그 아름다움을 유지할 수는 없으며, 아무리 얼굴이 아름다워도 마음이 추악하면 아무도 상대하지 않을 것입니다.

마음을 아름답게 가꾸면 아무리 누추한 옷을 입고 있어도 그 아름다움이 밖으로 흘러나와 사람들의 호감을 끌게 될 것입니다.

겉모양에 너무 신경 쓰지 말고 마음을 닦으면 당신이 현재 걱정하고 있는 불안에서 해방되어 참다운 아름다움이 나타나게 될 것입니다. 미추에 따라 마음까지 흔들려서는 안 됩니다. 남이 어떻게 보든 문제는 당신의 마음입니다. 그것이 정도正道입니다.

인간은 본체本體 1인과 분신分身 5인으로 구성된 이유는 무엇인가?

생명과 물질은 3단계의 과정으로 이루어집니다. 지구에 생명이 깃드는 것은 태양, 달, 그리고 지구라는 삼위일체三位一體의 구성에서 비롯됩니다. 지구는 기권氣圈, 수권水圈, 암권岩圈으로 이루어져 있고, 원자는 음외 전자陰外電子, 중성자中性子, 양전자陽電子로 구성되며, 전기電氣는 양성陽性 +, 중성中性 N, 음성陰性 -으로 세포는 원형질, 세포질, 핵으로 각각 구성되어 있습니다.

물질의 성립은 우주의 대의식大意識을 출발점으로 하여 빛, 열, 전기, 자기, 중력의 에너지가 조합되어 물질이라는 제3의 현상화가 이루어지는 것입니다. 한 번 물질화 된 에너지는 일정한 시간이 흐르면 분열이라는 과정을 거쳐 다시 에너지로 되돌아갑니다.

또 에너지의 물질화는 에너지가 집중하여 성립됩니다. 즉 대의식大意識을 떠난 다섯 가지(빛, 열, 전기, 자기, 중력)의 에너지는 집중과 분열이라는 과정을 통해서 때로는 물질화되고, 때로는 에너지로 환원되는 과정을 밟으면서 순환의 법칙에 따라 영원히 윤회(순환)를 되풀이하고 있습니다.

생명도 이와 마찬가지로 첫째 우주의 대의식에서, 둘째 개체로서의 생명이 저 세상인 실재계實在界에서 탄생하여, 셋째로 이 세상인 현상계現象界에 모습을 나타내는 것입니다. 한 번 현상계에 모습을 나타난 생명체는 이 세상과 저 세상의 전생轉生을 영원히 되풀이하게 됩니다.

그리고 이 세상에 태어날 때에는 부모라는 매체媒體=緣를 거쳐 모습을 드러냅니다. 즉 대의식에서 떨어져 나온 생명은 저 세상, 부모, 이 세상이라는 3단계의 과정을 밟으면서 순환의 법칙에 따라 영생하도록 틀이 짜여 있는 것입니다.

그러면 문제의 핵심인 인간의 생명체인 1본체, 5분신에 대해서 설명 드리겠습니다. 인간의 생명체는 세 가지 계열로 성립됩니다.

첫째 계열은 남자 본체 1, 남자 분신 5이고, 둘째 계열은 여자 본체 1, 여자 분신 5입니다. 셋째 계열은 남자 본체 1, 남자 분신 2, 여자 분신 3 또는 여자 본체 1, 여자 분신 2, 남자 분신 3 이 두 가지로 구성됩니다.

본체 1과 분신 5가 한 그룹을 이루는 이유는 이 대우주가 신의 대의식을 모체로 빛, 열, 전기, 자기, 중력이라는 다섯 가지 요소로 이루어져 있으므로 인간의 생명체도 여기에 맞추어 대의식(본체 1), 다섯 요소(분신 5)의 조합으로 성립되는 것입니다. 인간을 가리켜 소우주라고 하는 이유도 생명의 성립이 우주의 구성과 같기 때문입니다.

첫째 계열에서 셋째 계열까지를 포함해서 남녀의 수는 동일합니다. 또 남녀 단체와 혼합체의 구분은 인류 전체의 조화를 목적으로 삼고 있기 때문입니다. 만일 첫째 계열과 둘째 계열, 둘째와 셋째 계열뿐이라고 하면 이 지상의 남녀의 균형은 깨어질 염려가 있게 마련입니다.

지상의 역사가 증명하듯이 인간은 육근(六根=眼, 耳, 鼻, 舌, 身, 意)에 지배당하도록 되어 있습니다. 전쟁, 재해에 의해서 남자가 줄고 여자뿐이 된다면 어떻게 되겠습니까? 세 가지의 계열이 있기 때문에 남녀의 균형이 유지되는 것입니다. 또 세 가지의 계열이 있기 때문에 인류의 목적이 조화에 있다고 말할 수 있습니다.

영혼의 그룹은 영원히 변하지 않는 것인가, 또 지상의
가계家系에서는 어떻게 태어날까?

영혼의 그룹은 영원히 변하지 않습니다. 변하게 되면 인
격이 변하고 분열하고 맙니다. 금과 은과 동 등의 원자번호
를 생각해보십시오. 분자의 수가 저마다 결정되어 있고 그
일정한 수에 따라 금을 만들고, 은이라는 광물을 형성하고
있습니다.

우리 인간의 인격도 그와 마찬가지로 여섯 사람의 동아
리는 변하지 않으며, 변하지 않는 인격체가 영원한 윤회를
계속하고 있습니다.

또 여섯 사람은 신의 섭리에 의해 맺어졌으며 떨어지는
일이 없습니다. 지상의 가계와 영혼의 그룹과의 관계는 무
관합니다. 지상의 가계는 육체의 가계이고 영혼과는 직접
관계가 없을뿐더러 전생의 영혼의 상태에 따라 지상의 환
경(가계를 포함)을 선택하여 출생하게 되므로 같은 동아리라
도 전혀 다른 곳에서 태어나게 됩니다.

그때 그때의 상황에 따라 승려의 가정에 태어나기도 하
고 노동자의 집안에서 태어나기도 하며, 혹은 경영자나 학

자의 집안에 태어나기도 하는 것입니다. 또한 한국에서 태어나기도 하고 중국과 영국에서 태어나기도 하므로 가계와는 아무런 관계가 없습니다. 이런 의미에서 영혼의 그룹은 저 세상에서만 서로 어울리는 것이라고 할 수 있습니다.

사람이 저마다 가진 사명은 신의 분신으로 떨어져
나올 때부터 생겼는가, 아니면 그때그때의 환경에
따라 바뀌는 것인가?

　사명이라고 하면 무슨 특별한 목적을 연상하기 쉽겠지
만 이 세상에서 생활하는 인간 가운데 사명이 없는 자는
한 사람도 없습니다. 누구나 사명을 지니고 있으므로 지상
에 출생하는 것입니다. 그 사명이란 전체의 조화에 도움이
되는 역할을 말합니다.

　남을 살리고 협조협력의 봉사생활은 모름지기 사명을
바탕으로 한 생활입니다. 사명에 바탕을 두지 않는 생활이
란 자기 본위의 생활입니다. 남이야 어떻게 되든 나만 좋
으면 그만이라는 이기적이고 만족할 줄 모르는 욕망을 가
지고 살아가면 인간 본래의 목적과 사명에서 크게 벗어나
는 것입니다.

　사람에 따라서 인간에게는 특별한 사명이 있을 것이라
생각하고 또 원하기도 합니다. 인간끼리 서로 밝고 조화로
운 생활을 누리는 것 이외에 인간의 목적도 사명도 있을
수 없다는 것을 명심하시기 바랍니다.

인간이 신에서 분리되어 나올 때부터 그렇게 결정되어 있으며 직장이나 성별, 노약의 구별에 의해서 차이가 있는 것은 아닙니다. 착각하지 않도록 주의하십시오.

영혼의 그룹을 형성하는 여섯 사람의 저 세상에서
위치는 수행에 의해서 차츰 향상하는 것인가, 아니면
처음부터 일정한 위치가 정해져 있는 것인가?

　영혼의 그룹을 이루는 여섯의 전체적 위치는 서서히 향
상하고 있습니다. 어떤 단계에서 멈추는 사람도 있지만
긴 안목으로 보면 누구나 향상하고 있습니다. 처음부터 결
정되어 그 이상은 향상할 수 없다는 경우는 있을 수 없습
니다.
　지옥에 두 명이나 떨어지는 일도 있을 수 없습니다. 한사
람씩 차례대로 지상에 내려와서 살다가 실패를 하고 지옥
으로 떨어지는 것이기 때문입니다. 나머지 다섯은 저 세상
에서 생활하고 있습니다.
　지옥에 떨어진 영혼은 시간이 경과하면 언젠가는 다시
깨달아 영혼의 형제가 있는 저 세상으로 올라가게 됩니다.
그렇지 않으면 다음 차례가 지상에서 태어날 수 없습니다.
그렇기 때문에 지금 지상에 내려와 있는 우리는 그 책임이
막중한 것입니다.
　여섯 가운데 하나가 이 세상에서 실패하여 지옥에 떨어

지면 저 세상에 있는 다섯 형제는 고민하게 되며, 어떻게 해서라도 그를 구출하려고 애를 씁니다. 하지만 지옥에 떨어진 영혼은 자기 자신의 잘못을 깨닫지 않는 한 형제들이 있는 저 세상으로 돌아갈 수 없습니다. 이것이 저 세상의 틀입니다.

그러므로 저 세상에 있는 다섯은 늘 지옥에 있는 하나가 염려되어 저 세상의 생활 활동에 제약을 받습니다. 가족 중에 한 명이 아프거나 사고가 나서 가정의 조화를 흔들어 놓게 되면 나머지도 그 일을 걱정하는 것과 같은 이치입니다.

쌍둥이의 영혼은 하나인가 별개인가?

　쌍둥이의 형제는 영혼이 비슷합니다. 하나의 영혼이 둘로 갈라져서 쌍둥이가 되는 일은 없습니다. 쌍둥이의 형제는 외모나 사고방식, 하는 행동도 닮은꼴입니다. 심지어는 성인이 되어 한쪽이 죽으면 나머지 한쪽도 뒤따라 죽는 일이 있기도 합니다. 쌍둥이는 카르마도 매우 닮아서 생生뿐만 아니라 사死까지도 닮는 경우가 많습니다.

　흔히 길을 가다가 친구나 지인을 빼 닮은 사람을 만나게 되어 말을 잘못 건넨 경험을 누구나 한번쯤은 했을 것입니다. 얼굴이나 외모가 닮거나 사고방식이나 행동까지 닮은 사람도 많습니다. 따라서 쌍둥이에 한하지 않고 닮은 사람도 자주 눈에 띄게 됩니다. 쌍둥이는 같은 환경에서 자라서 성인이 되기 때문에 더더욱 닮아 가는 것입니다.

수태조절은 해야 하는가?

이미 두 명의 자식이 있는데 아이가 더 생긴다면 경제적 부담도 가중되고 태어나는 아이에게도 유복한 환경이 되지 못할 것이란 생각을 흔히 합니다. 그래서 부담 없는 부부생활을 계속하기 위해서는 수태조절이나 불임수술이나 임신 중절 등과 같은 방안을 생각합니다. 사람들은 출생할 아이들의 생명을 고려해 부부생활을 어떻게 해야 하는지도 고민합니다.

그러나 출생하는 생명의 책임은 저 세상이 아니라 이 세상에 있습니다. 저 세상에서 한 약속에 대해서는 대부분이 모르고 있을 것이기 때문입니다. 따라서 출생할 아이에 대해서는 책임질 힘이 없을 것 같은 판단이 들 때에는 아이를 낳는 일도 고려해 보아야 합니다.

그렇지만 가정 형편상 더 이상 아이를 낳는 일은 불행할 것이라는 생각은 모호합니다. 판단의 기준을 어디에 두는가에 따라 달라지기 때문입니다.

가령 지금 두 아이가 있는데 가장의 수입 정도와 주택 문제 등을 고려할 때 아이 세 명은 무리라고 생각하는 부모도 있을 것이고, 같은 조건에서 조금도 무리가 되지 않는다고 생각하는 부부도 있을 것입니다.

또한 아이의 교육문제나 부모의 희생 등 여러 가지 판단의 기준이 있어서 이러한 여러 가지 얽힌 문제들의 최대공약수를 산출해내기란 어려운 일입니다.

2차 대전 이전의 생활은 전후의 생활보다 훨씬 가난했지만 그때는 국민들끼리의 연대의식이 강했고 국가의 발전을 위하는 마음이 있었기 때문에 비좁은 공간에서도 많은 아이들이 자랐습니다. 지금처럼 아이들에 대해서 신경질적이 아니었습니다. 그리고 가난한 환경 속에서도 부모도 아이들도 늠름하게 생활해왔습니다.

전후에 자란 사람들은 반대로 자아의식이 넘쳐서 자기중심적인 사람이 많고 부부생활, 가정생활의 인식도 자기중심의 이기심에서 출발하고 있는 경우가 많은 것 같습니다. 아이는 둘이면 충분하다는 생각의 밑바닥에는 대부분 아이의 희생이 되고 싶지 않으며, 부모에게도 생활이 있다고 하는 주장이 밑바탕 되고 있는 것 같습니다. 인간으로서의 의식이 눈 떠서인지, 의무감이나 책임감이 후퇴한 탓인지는 모르겠지만, 아무튼 가정생활에 대한 사고방식이 옛날과는 많이 달라졌습니다.

아이는 몇 명이 적당한가하는 문제는 객관적·주관적으

로 두 가지 입장에서 고려해 보아야 할 일입니다. 객관적이란 국가가 처해있는 생활조건이고 주관적이란 부부문제와 가정환경 등의 조건이 될 것입니다.

아이의 문제는 또한 나라의 인구문제와도 밀접한 관계가 있기 때문에 주관적인 입장은 객관적인 사정에 의해서 밀려날 수도 있습니다.

당신이 한 질문의 요지는 부부생활 쪽에 많은 무게가 실려 있는 것 같습니다. 부부생활을 계속하면서 아이를 낳지 않는 방법은 없을까하고 고민하는 것 같은데 결론부터 말씀드리면 그 문제는 부부가 함께 협력하면 해결될 것 같습니다.

아이를 낳지 않기 위해서 불임수술을 한다거나 중절수술을 하는 일은 찬성할 수 없습니다. 불임수술은 모체에 위험이 있는 특수한 사정일 때에만 불가피합니다. 그 외의 이유일 때는 문제가 생기게 됩니다.

또 낙태수술은 악영향을 미칠 뿐만 아니라 임신한 생명을 곧바로 되돌려 보내는 것은 약속위반이 됩니다. 이러한 상태를 초래하지 않도록 부부가 서로 협력해나가야 합니다. 그러면 부부생활은 얼마든지 지속할 수 있습니다.

수태조절도 상호 이해로써 해결될 수 있습니다. 또 탄생할 생명은 탄생할 시점에서 생각할 문제입니다. 탄생할 생명을 불행이라고 보고 현실을 변호하는 생활태도는 찬성할 수 없습니다.

현실적으로 더 이상의 아이를 키우는 것이 아이를 위해서나 가정을 위해서나 불행한 일이라고 생각된다면 부부가 서로 협력해서 아이를 낳지 않도록 부부생활을 지속하는 지혜가 필요할 것입니다.

모든 사물에서 생명이란 과연 무엇일까?

　생명이란 보통 살아있는 생물에 대해서 말하는 것이지만 넓은 의미에서는 '이용가치가 있는 것'을 가리킵니다. 이런 의미에서 동물과 식물과 광물은 모두 생명을 지닌 것이 됩니다.

　생명 있는 존재는 다른 생명他을 살릴 천명天命을 지니고 있으며, 전체를 조화시키고 있습니다. 공기, 물, 대지, 지구, 태양 그리고 별과 같은 광물은 인간처럼 말을 하지 않지만 역시 생명을 지니고 살아가고 있습니다.

　즉 이러한 물질은 대우주라는 대생명체를 형성하여 신神의 뜻에 따라 조화라고 하는 운동을 계속하고 있는 것입니다. 이러한 광물자원이 우주에 존재하지 않는다면 태양이나 공간, 그리고 인간을 지탱해주고 있는 지구라는 대지도 있을 수 없습니다. 이런 의미에서 광물 에너지라 하더라도 생명에너지의 한 가지 형태라고 할 수 있습니다.

　결과적으로 생명은 전체의 조화에 도움이 되고 있는 것, 즉 '이용가치가 있는 것'을 가리킵니다.

　중국의 고전사상은 생명에너지는 사용하지 않으면 오래

유지할 수 있다고 생각하여 은둔생활이 최상의 길이라고 주장하기도 하지만 집착과 사랑의 행위를 혼동하여 잘못하면 사물의 시비가 흐려져서 길을 그르치게 됩니다.

또 생명에는 동적動的 생명과 정적靜的 생명의 두 가지가 있습니다. 동적 생명이란 개성을 지닌 생명에너지이며 행동의 자유성이 있는 것을 말합니다. 정적 생명에는 식물과 광물이 있고, 동적 생명에는 인간과 동물이 있습니다.

인간의 경우는 영혼활동을 지탱하고 있는 염체念體(光子體라고도 함)가 동적생명이고, 이 염체를 담고 있는 육체가 정적 생명이라고 할 수 있습니다. 인간생활은 이 두 가지 생명체를 진솔하게 살려 조화시키는 데 있으며 그것은 인간생활 전체에 도움이 되는 일입니다.

자기 확립은 이러한 생명의 조화로운 작용에서 이루어지는 것이며 생명의 조화야말로 정도正道의 첫걸음입니다.

'생명이란 무엇인가?' 생명은 당신 자신이며, 대우주 전체인 것입니다. 너무 어렵게 철학적·이론적으로 추궁하려고 하면 자칫 그 본질에서 멀어지고 맙니다. 진실하고 솔직하게 자신의 신변을 살펴보면 생명이 무엇인지 분명해질 것입니다.

사랑이란
무엇인가?

진정한 사랑이란?

일반적으로 사랑이라고 하면 남녀 간의 사랑, 부부의 사랑으로 알고 있지만 사랑의 본질은 애증愛憎의 사랑과는 다릅니다. 남녀의 사랑과 부부의 사랑은 사랑의 한 표현일 뿐입니다. 물론 남녀의 사랑이 삶의 희망과 보람을 안겨주는 역할을 하는 것은 사실입니다.

그렇지만 진정한 사랑이란 신의 사랑을 말합니다. 신의 사랑이란 사심이 없고, 누구든지 어여삐 여기고 불쌍히 여기는 마음, 보살피는 마음을 말합니다.

성서 마태복음 5장에서 예수님은 이렇게 말씀하셨습니다.

"마음이 가난한 사람은 행복하도다. 하늘나라가 그들의 것이다. 온유한 사람은 행복하도다. 그들은 땅을 차지할 것이다. 평화를 위하여 일하는 사람은 행복하도다. 그들은 하나님의 아들이 될 것이다."

마음이 가난하다는 것은 오만하고 뽐내지 않는 마음을 말하고, 온유하다는 것은 고요하고 조용한 마음을 말하며, 평화를 위해서 일한다는 것은 싸움을 좋아하지 않는 마음을 말하고 있으며, 이런 마음을 가진 사람은 하나님의 사랑을 받고 천국의 거주자가 된다는 뜻입니다. 그런 마음은 자아自我가 강해서는 생겨나지 않습니다. 자아가 없는 마음, 불쌍히 여기는 마음이 없어서는 생겨나지 않는 것입니다.

자비의 마음이 무사無私, 동정同情, 보살핌의 마음인 것처럼 사랑도 마찬가지입니다. 자비도 사랑도 본디 신의 빛이므로 같을 수밖에 없습니다.

사랑과 자비의 근본은 같지만 그 작용의 측면에서 보면 약간 다릅니다. 사랑은 용서이며 서로 주고받는 것입니다. 만일 이 지상에 용서라는 면죄부가 없다면 인간은 원죄라는 카르마(결점)에서 벗어날 수 없습니다. 원죄란 번뇌라고 하는 신성神性을 더럽히는 상념행위를 말합니다. 즉 질투, 노여움, 위아僞我, 욕심 등이 그것입니다. 그런 상념이 신성이어야 할 자신의 마음을 독으로 오염시키고 있습니다. 그런데 인간이 육체를 지니고 물질세계에서 생활하고 있는 이상 그런 상념에 사로잡히지 않을 수 없습니다. 그래서 신은 인간을 구제하기 위해서 사랑의 빛을 던져주고 있는 것입니다. 그 빛은 용서입니다.

인간이 자신의 원죄를 알고 참회하여 진솔한 마음으로 새롭게 태어나겠다고 다짐할 때 신은 사랑의 손길을 뻗어 그 죄를 용서해주는 것입니다. 또 한 가지 중요한 것은 상호부조相互扶助입니다. 서로 돕지 않으면 인간은 잠시도 이 지상에 존재할 수 없습니다.

우리의 삶은 많은 사람들의 사랑 위에서 지탱되는 것입니다. 서로 돕는 마음은 지상의 빛입니다. 자비를 법의 세로 빛[縱光]이라고 한다면, 사랑은 이 세상의 가로 빛[橫光]이라고 할 수 있습니다.

숭고한 사랑이란 어떤 것인가?

　대체로 사랑을 관념적, 추상적 또는 환상적으로 생각하는 경향이 있습니다. 최근에는 육체적 행동만이 사랑이라고 생각하는 사람도 상당히 많은 것 같습니다.

　사랑이란 무엇인가를 추구해보면

　사랑은 서로 돕는 것이요 타인을 살린다는 것이며, 또한 어려운 처지에 놓인 사람에게 구원의 손길을 뻗치는 것입니다.

　이 세상은 혼자서는 살아갈 수 없습니다.

　타인을 살린다는 것은 자기 자신이 남을 위해서 공양한다는 것입니다.

　우리 인간은 동물, 식물, 광물들을 섭취함으로 생명을 유지할 수 있습니다. 생선, 야채, 음료수 등도 생명체이며 우리 인간을 위하여 공양되고 있습니다. 인간에 대한 그러한 공양이 없다면 우리는 하루도 살아가지 못할 것입니다.

　이 지상에 혼란이 끊임없는 이유는 욕망 때문입니다. 욕망 때문에 마음을 잃어버리게 된 것입니다.

　남을 살리고 서로 돕는 사랑의 행위가 마음에 자리 잡는다면 내일이라도 지상은 낙원·유토피아로 변할 것입니다.

사랑이라고 하면 예수님이 가장 먼저 생각납니다.

예수님이 십자가에 못 박혀 세상을 떠나게 된 것은 사랑의 행위를 모든 사람들에게 직접 보이고 가르치기 위한 것이었습니다. 남을 살리고 대신 자신의 죽음으로 사랑의 극치를 보인 것입니다.

예수님은 사랑을 설교하고 사람들에게도 사랑의 힘보다 더 큰 것이 없다는 것을 가르치고 모범을 보였던 것입니다. 사랑은 자비라는 하나님의 마음을 행위로 나타나게 하는 것인데 그 시대의 사람들은 아무리 설교해도 그 뜻을 이해하지 못했습니다.

예수님은 자신의 목숨을 바침으로써 사랑을 증명하였습니다. 이리하여 예수님의 사랑은 전 세계에 전해집니다. 십자가에서의 죽음은 전 인류의 죄를 예수님이 짊어졌다고 하며, 예수님을 믿으면 구원을 얻을 것이라고 선전된 것입니다.

예수님을 믿는다는 것은 사랑의 중요성을 아는 것이며, 사랑은 행위이기 때문에 행위가 없는 사랑은 관념의 장난에 불과합니다. 가슴에 아무리 십자가의 성호를 긋는다 해도 무의미할 것입니다. 사랑은 천국과 지상을 연결하는 유일한 가교架橋입니다.

마음의
거울을
닦다

자비란 무엇인가?

마음을 상실한 사람과 미망迷妄의 벼랑에 선 사람, 질병으로 쓰러진 사람들을 불쌍히 여기고 아낌없이 사랑하는 마음을 말합니다.

만일 이 우주에 자비의 마음이 없다면 지상은 이미 오래전에 멸망하고 말았을 것입니다. 다행히 신의 자비가 있었기 때문에 인류는 여러 번의 천재지변과 재해에도 불구하고 살아남을 수 있었습니다. 사람과 사람 사이에도 자비를 전제로 한 관계가 이루어진다면 오늘날과 같은 독선적인 이기주의는 순식간에 사라질 것입니다.

자비의 본질은 저 태양처럼 무한히 공급하는 빛光과 열熱 에너지 그 자체이며, 물의 생명에서 엿볼 수 있는 아낌없는 완전한 마음입니다. 상대방이 선인이었든 악인이었든 생명 있는 자에 대해서는 한결같이 돕고 어여삐 여겨 보살피는 마음을 말하고 있습니다.

여기서 오해해서는 안 될 문제가 있습니다. 그것은 자비의 마음이 이렇게 무한히 높고 넓은 것인 만큼 결코 자비를 마구 베풀어서는 안 되며, 반대로 자비를 요구해서도 안 된다는 것입니다.

자비의 난발이란 자신의 능력의 한계를 넘어서서 자비라는 말에 도취해 버리는 것을 이릅니다. 지나치게 자비를 베풀어서 자신이 괴롭다면 그것은 결코 자비가 아니라 자비의 이름을 빌린 자기만족입니다. 여러분은 지옥계에 자비마慈悲魔라는 것이 있다는 점을 명심하기 바랍니다.

반대로 남에게 함부로 손을 벌린다거나 남에게 선의善意를 강요하는 것은 피하셔야 합니다. 그런 자비의 요구는 응석을 말합니다. 자비의 난발과 요구는 우리가 일상생활에서 꼭 경계해야 할 것들입니다.

진정한 자비는 태양처럼 그의 열과 빛을 지상에 무한으로 공급하는 것입니다. 정도正道의 정신이 이해되고, 행동으로 옮겨진다면 자비는 마음 깊은 곳에서부터 자연스레 솟아날 것입니다.

부모의 덕성에 의해서 아이의 운명이 달라진다고
한다. 부모의 덕성과 아이의 수행과의 관계는?

덕德은 무엇입니까? 마음이 올바르고 다른 사람에게 선
을 베푸는 것입니다. 세상에는 자기현시自己顯示, 즉 남에
게 보이기 위한 덕행도 많은 것 같지만 그것은 덕이라고
할 수 없습니다.

남이 모르게 그저 묵묵히 자선을 베푸는 사람, 음덕을 쌓
아 가는 사람, 이런 사람을 덕을 실천하는 사람이라고 합
니다. 이를테면 길바닥이나 지하철 안에서 휴지나 신문지
가 떨어져 있어서 지저분하면 바로 줍고 깨끗하게 정리해
주는 사람을 말합니다.

덕이 많은 사람은 사람들에게 존경을 받고 환대를 받습
니다. 그러나 그는 존경과 환대를 받기 위해 덕행을 쌓지
않을 것입니다. 그저 거리가 깨끗하면 기분이 좋기 때문에
하는 것입니다. 그런 행위는 간접적으로 사람들의 마음을
명랑하게 하는 것입니다. 남의 관심을 끌기 위해서나 덕을
위한 덕행은 아닐 것입니다.

어떤 종교 단체에 가보면 그 교단에 봉사하는 것이 덕을

쌓고 자손을 번창하게 하는 길이라고 가르치고 간접적으로 강요하고 있습니다. 그러나 덕이라는 것은 그러한 특정한 장소에 국한되는 것이 아니라 도처에 널려 있는 것입니다.

신은 당신이 있는 바로 그곳에 있으며 당신을 지켜보고 있습니다. 특정한 장소에 있는 것도 아니고 남이 보는 것에 영향을 받지도 않습니다. 그리고 당신의 덕행에 상응하여 당신을 지켜주고 당신의 가정도 지켜주고 있습니다.

덕은 조화가 나타나는 것이며 그러한 마음과 행동이 있는 가정이 불행해지리라고는 생각되지 않습니다. 아이들은 어른의 감정 변화를 아주 민감하게 받아들입니다. 그 때문에 아이를 보면 어른의 생활태도를 금방 알아볼 수 있습니다. 따라서 부모의 덕德·부덕不德이 아이에게 영향을 미쳐 아이의 장래를 거의 결정지으며 아이의 운명을 만들어 갑니다.

부모의 덕이 자식과 자손의 생활에 영향을 미치는 것은 틀림없지만 자식에게 덕이 없으면 부모의 덕은 오래 가지 않습니다. 기본적으로 부모와 자식의 영혼은 각각 다르며 동일하지 않기 때문에 그 운명의 양상도 당연히 다른 것입니다. 즉 부모와 자식의 수행은 서로 다르며 자식에겐 자식으로서의 인생이 있고 거기에 따른 목적이나 사명이 있는 것입니다.

자식에 대한 부모의 역할은 자식이 성장하여 사회인이
되어 인간의 도리를 다하는 훌륭한 구성원이 되도록 인도
하는 것이지 그 이상도 이하도 아닙니다.

자식에게 기대를 걸고 자식의 안전만을 원한다면 오히
려 그것이 화근이 되어 자식을 망치고 불행하게 만들 것입
니다.

정도正道 생활의 기본은 사랑이라면 만약 상대방이
나를 속이려고 하는 것을 알면서도 그것을 용서하고
속임수에 넘어가 주는 것이 옳은가?

　　현실 사회는 자본주의와 개인주의의 양립兩立 위에 성립
되어 있습니다. 우선 이런 현실을 인식할 필요가 있습니
다. 상인은 장사를 해서 돈을 벌어야 하는 것이 당연한 일
입니다. 상대가 이쪽을 속이려는 것을 알았으면 거래를 중
지할 수밖에 도리가 없습니다.
　　상대의 속임수를 모르고 큰 이익이 남을 것을 예상하고
거래를 한 결과 큰 손해를 보았다면, 적어도 이쪽에서는
그 거래로 더 큰 이익을 예상하고 한 짓이니 항의할 처지
가 못 될 것입니다.
　　손해를 보지 않고 이익을 올리는 것이 장사가 아닙니까?
정도正道는 손해를 보면서까지 자비와 사랑으로 장사를 계
속하라고 하지 않습니다.
　　중요한 것은 수익금을 어떻게 쓰며 어떻게 관리하느냐
에 따라 그 사람의 가치가 결정되는 것입니다.
　　만일 정도正道를 믿고 있다면 가족과 종업원이 안심하고

생활할 수 있도록 우선 그 돈을 써야 할 것입니다. 그리고 주위의 곤란한 처지에 있는 형제, 이웃 나아가 사회로 그 이익을 환원하는 것이야말로 올바른 태도입니다.

만일 속인다는 것을 알면서도, 이것도 자비와 사랑이니 당연한 것으로 여기고 편안한 마음으로 넘길 수 있는 당신 이라면, 그것은 그것대로 상관없는 일입니다. 속임수를 당해도 마음에 아무런 저항을 받지 않고 초연할 수 있다면 말입니다.

그러나 당신은 상관없다고 해도 가족의 생활이 어렵고 장사가 안 된다면 당신은 어떻게 생활해야 합니까? 그것은 자비도 사랑도 아니며 무책임이 되는 것입니다.

그런 최악의 상태에서 태연할 수 있는 사람은 정신이상 이라고 밖에 볼 수 없습니다. 또 그런 상황에서는 자신도 모르게 마음속에 깊은 저항이 남을 것입니다.

속이는 쪽도 처음부터 속임수의 거래를 계획적으로 한 것이므로 사람을 속이는 카르마(業=原罪)를 몸에 붙이게 됩니다. 그렇게 되면 쌍방이 모두 손해를 봅니다.

자비와 사랑의 근본은 슬픔과 고통을 제거하고 기쁨을 나누어 서로 돕는 것을 의미합니다. 그러나 스스로를 돕겠다는 마음이 없는 사람에게는 소용없는 일입니다.

남을 속이는 사람은 스스로를 도우려는 마음이 없는 사

람입니다. 그런 사람에게는 사랑의 마음이 통하지 않습니다. 그런 사람을 향한 맹목적인 사랑은 카르마를 키울 뿐이기 때문에 피하는 것이 좋을 것입니다.

여덟 가지 바른길을 실천하고 정도正道가 몸에 배면 상대방의 마음을 읽을 수 있게 됩니다. 속임수를 쓰려는 사람이 가령 눈앞에 나타났다고 합시다. 그럴 땐 조용히 그 사람으로부터 멀어져야 합니다.

상대에 따라서는 일부러 속아주는 경우도 있습니다. 그러나 속아줌으로써 속였다는 자책감과 반성을 촉구할 수 있을 사람에 한해서입니다. 여기서 중요한 것은 '속는 것'을 모르면서 속았을 경우입니다. 이런 경우는 자기 자신에게 결함이 있다는 것을 알아야 합니다.

가령 과거에 욕심으로 덕을 본 적이 있거나 어떤 사람에게 손해를 입힌 적이 있거나 다른 사람을 슬프게 한 적이 있었는지 생각해보아야 합니다.

다른 사람을 해치는 행위를 했을 때 카르마가 속임수에 넘어가는 결과를 초래할 수 있기 때문입니다. 카르마가 없는 사람은 한 명도 없습니다. 그래서 우리는 다른 사람을 탓할 수 없는 것입니다. 또한 우리는 자신에게 없는 것은 절대로 현실로 나타나지 않는다는 사실을 알아야 합니다.

인간은 이 세상에 태어나 영혼의 수행을 하고
자연과의 조화를 이루다가 다시 자연으로 돌아가는
존재라고 한다. 과연 그 의미는 무엇인가?

　인간은 누구나 차별 없이 신의 자식입니다. 신의 자식으로서 저 세상에 탄생하여 그 모습을 드러내기 이전에는 역시 갑과 을, 구분이 없는 신의 의식이었던 것입니다. 그것을 바로 조화로운 자연의 한 모습이라고 한 것입니다.

　그런데 그 신의 의식이 신의 자식으로 분리되어 하계下界라는 이 세상에 태어나서 전생 윤회하는 과정에서 신의 자식인 인간은 차츰 자아가 눈을 떠 부조화한 세계를 만들고 말았던 것입니다. 이 세상에 태어난다는 것은 한편에서 보면 영혼의 수행이기도 합니다. 수행의 의미와 목적은 다음과 같습니다.

　신의 의식을 가령 지구의 크기라고 합시다. 그리고 신의 의식에서 분리된 인간을 지구 둘레를 비행하고 있는 인공위성 혹은 우주선이라고 생각해보십시오. 지구와 우주선은 그 크기가 전혀 다릅니다. 그러나 인공위성이나 우주선은 비록 적지만 지구에서 탄생한 신의 의식이란 점에서는 다를 게 없습니다. 우주선이나 인공위성은 지구 둘레를 비행하여 지구를 포함한 우주 공간의 온갖 경험(자료수집)을 쌓아가는 것입니다.

하지만 이윽고 사명을 다하면 우주선은 지구로 귀환합니다. 인간의 수행의 목적도 이와 닮았습니다. 우주선과 다른 점은 인간의 경우는 마음의 수행이 주목적이기 때문에 자신의 영혼이나 마음을 지구 크기만큼 키우지 않으면 안 된다는 것입니다. 지구를 떠날 당시의 우주선의 크기로 지구로 돌아온다는 것은 수행한 보람으로 보기 어렵습니다.

마음을 키우기 위해서는 우선 자연에 자신의 마음을 조화시켜야 합니다. 그렇지 않으면 부조화한 만큼 괴로워집니다. 인간의 마음은 원래 자유롭기 때문에 조화에서 벗어난 만큼 괴로움을 느끼는 것이 숙명입니다. 자연으로 돌아간다는 것은 작은 우주선이 지구만큼 커지는 것을 의미합니다. 작은 우주선 그대로의 모습이어서는 안 되는 것입니다. 지구를 떠난 우주선이 지구 크기로 발전했을 때 비로소 인간으로서 수행의 목적을 달성했다는 것을 의미하며, 작은 우주선이 큰 우주선이 되기까지의 과정이 영혼의 수행이며 우리들에게 부과된 천명입니다.

여러분 중에는 무엇 때문에 크지 않으면 안되며, 작은 상태도 괜찮지 않느냐고 반문하는 사람도 있을 수 있습니다. 그러나 생명이 있는 자 특히 인간은 신의 모습, 신의 능력(자유, 창조, 자비, 사랑)을 가지고 저 세상에서 이 세상에 태어나 있기 때문에 그 천명을 휴지처럼 버려서 돌아갈 수는 없습니다. 육체의식(표면의식)은 몰라도 잠재의식의 마음은 천명을 잘 알고 있으며 결코 위반할 수 없는 노릇입니다.

사람은 누구나 행복을 추구합니다. 행복의 개념과 그 주관의 관점은 달라도 행복을 거부하는 사람은 아무도 없습니다. 이것은 각자가 자신의 천명을 알고 있다는 것을 의미합니다.

자연으로 돌아간다고 하니까 인간의 영혼이 산천초목이 되어버리는 것이라고 생각하는 사람이 있을지 모르겠지만 그런 뜻이 아닙니다. 인간의 영혼은 불생불멸입니다. 인간은 개성을 지닌 영혼으로 영원히 살아가는 존재입니다. 자연으로 돌아간다는 것을 불교에서는 해탈이라고 하며, 해탈이란 전생轉生의 카르마에서 벗어나는 원리遠離를 의미합니다. 신과 같은 참다운 자유를 얻고 만물을 살리는 사랑으로 돌아가는 것입니다.

자유의 진정한 뜻은 무엇이며, 사회생활과 자유는 어떤 관계인가?

일념삼천一念三千이란 말이 있듯이 사람의 마음은 삼천세계三千世界, 즉 무한대의 크기와 넓이를 가졌으며 자유자재입니다. 저 세상에 있는 빛의 천사들은 그런 자유로운 마음을 가졌으므로, 어디든지 자유롭게 다닐 수가 있습니다. 마음에 집착이 있으면 자유는 없고 지옥에 있는 것처럼 고통을 받게 됩니다.

자유란 저 세상에 있는 천사들의 자유로움처럼 자유로운 마음의 기능을 말합니다. 그런데 그러한 마음의 자유를 지닌 인간이 일단 육체라는 옷을 입게 되면 부자유의 상태가 됩니다.

마음속으로 이렇게 하고 싶고, 어떤 사람이 되고 싶다는 생각을 해봐도 그렇게 되는 것은 매우 어렵습니다. 바다 위를 걷고 싶고 빨리 달리고 싶고 하늘을 날고 싶고 멀리 떨어져 있는 사람과 만나고 싶다고 마음속으로 간절히 빌어도 그것은 불가능한 일입니다.

그래서 인간은 마음의 욕구를 충족시키기 위해 배와 자

동차와 비행기, 기차를 발명한 것입니다. 즉 육체의 부자유를 여러 가지 교통수단과 통신수단을 고안해서 어려운 현실을 조금이라도 완화시켜 본래의 자유를 얻으려고 노력해온 것입니다. 그런 인간의 노력은 저 세상의 체험을 이 세상에 구현시키고 있다고 볼 수 있습니다.

하지만 육체라는 옷을 입게 되면 마음의 자유는 거의 불가능해집니다. 육체와 마음을 분리시킬 수 있는 사람은 마음의 자유를 이해할 수 있습니다. 그것은 유체이탈幽體離脫이라는 것인데 마음(영혼)이 육체에서 이탈하여 바다와 산을 뛰어 넘고 하늘도 날아다닐 수 있게 됩니다. 그러나 그것은 보통의 일이 아닙니다. 마음과 육체가 일치되었을 때는 3차원인 육체세계의 틀 속에 따르기 때문에 불가능해집니다.

그럼에도 불구하고 인간은 육체의 자유를 추구하고 있습니다. 사상의 자유, 언론의 자유는 물론 무엇이든지 자유와 연결해서 자유를 추구하고 있습니다. 그래서 이 세상은 혼란에 빠지게 됩니다. 이 세상은 모든 것이 삼차원적으로 되어 있기 때문에 삼차원의 법칙을 벗어나면 고통이 따르게 됩니다.

삼차원의 법칙은 중도中道라는 조화의 생활을 유지할 때 지킬 수 있습니다. 중도란 좌우 어느 한쪽으로도 기울어지지 않는 생활 규칙을 말합니다. 이 규칙이 무너지면 작용 반작용의 법칙, 즉 원인 결과의 법칙이 크게 작용하여 여러 가지 장애가 발생합니다.

인간의 슬픔과 괴로움은 이와 같은 마음과 육체의 관계에 대한 이해부족과 규칙을 위반한 생활태도에 그 원인이 있습니다.

마음의 자유는 사차원 이상의 세계입니다. 따라서 육체를 지닌 한 조화라는 질서를 지키고 서로의 마음의 자유, 마음의 존엄성을 인정하면서 생활해가야 하는 것입니다.

마음이란
무엇인가?

모르는 사람이 지나가는 사람을 칼로 찔러 죽이는
일도 있다. 이처럼 아무 죄도 없는 사람들이
살해되거나 죽는 경우가 있는데, 불행과 인과응보의
관계는 무엇인가?

　당신은 그 사건을 우연이라고 생각할지 모르겠습니다.
이 세상은 우연의 연속이고 사물은 하나에서 열까지 정확
하게 단정 지을 수 없는 것이라고 생각할지도 모릅니다.
　어떤 면에서는 그런 해석이 옳습니다. 우연처럼 보이기
때문에 인생에 대한 노력의 목표도 설정되고 거기 또한 온
갖 인생 연극이 그려집니다. 사람에 따라서는 될 대로 되
라는 자포자기의 인생도 있을 것입니다. 당신은 어느 쪽에
속합니까?
　이런 예가 있습니다.
　어떤 젊은 여성이 횡단보도를 걷고 있었습니다. 과속으
로 달리던 트럭이 뒤에서 들이받아 그 자리에서 즉사하고
말았습니다. 이런 경우에 사람들은 마가 끼었다고도 하고
우연이라고도 합니다.
　젊은 여성의 죽음은 무엇이 원인이었을까요? 여러 가지

로 조사한 결과 역시 원인이 드러났습니다.

이 여성은 가정에서 대단한 응석받이였고 부모의 말을 제대로 들은 적이 없었습니다. 친구들과의 관계는 나쁜 편은 아니었지만 유유상종이라고 모두 그 여성과 닮은꼴이었습니다.

허영심이 남달리 강했고 낭비벽 때문에 아버지에게 꾸중도 심하게 들었습니다. 그녀는 잔소리를 들으면 화를 냈고 아버지에게 대들기도 했습니다.

그녀는 법률상의 죄를 짓지는 않았지만 사고를 일으킨 원인은 스스로 만들고 있었다고 말할 수 있습니다. 자기 자신과 부모와의 관계에서 조화롭지 않은 생활을 계속해 왔다는 사실입니다.

오관에 사로잡혀 자기의 주장이 강해지면 마음속에 구름이 끼게 되고, 그 구름을 털어 버리지 않으면 안 좋은 결과가 일어나게 됩니다. 이점은 여러분이 믿든 안 믿든 피할 수 없는 필연입니다.

원인은 마음이 만들고 결과는 육체로 나타납니다. 이 법칙은 만생만물, 모든 것에 해당합니다. 그렇기 때문에 저는 젊은 간호사가 흉기로 죽음을 당한 데는 그만한 이유가 있었다고 봅니다. 당신은 그 간호사가 아무런 죄도 없이 죽었다고 했지만, 그들의 마음을 직접 알지는 못할 것입니다. 그러나 원인 결과의 법칙이 작용했다고는 하지만 인간은 누구나 맹목적으로 생활하고 있으므로 그들의 불행에 동정하지 않을 사람은 없을 것입니다.

그들이 원인 결과의 법칙이라는 마음·우주의 법칙을 깨닫고 바른 생활을 했더라면 얼마나 좋았을까 하는 아쉬움이 남습니다. 그리고 어떤 사람을 가엾게 생각하고 불쌍하게 생각하는 것만으로 그 사람이 구제되지 않습니다.

만약 위태로운 생활을 하는 사람이 있다면 적극적으로 그에게 바른 생활을 하는 방법을 가르쳐주는 것이 중요합니다.

여덟 가지의 바른길을 기준으로 하는 생활을 알려주고 그가 궤도수정을 할 수 있도록 따뜻한 대화를 건네는 것이 중요합니다. 그것이 사랑입니다.

무작정 상대에게 이론을 이야기하고 설득시키려고 한다면 그는 마음의 평안을 얻을 수 없을 것입니다.

여덟 가지의 바른길이란 무엇인가?

불경에 고집멸도苦集滅道라는 말이 있습니다. 고苦는 인생의 온갖 괴로움을 말하고, 집集은 그 괴로움의 원인을 말하며, 멸滅은 그 원인을 없앤다는 뜻이고, 도道는 그 없애는 방법을 말합니다. 그 방법은 여덟 가지 바른길을 일상생활에서 실천하는 것입니다.

태양의 열과 빛은 일정한 온도를 유지하면서 지상에 방출되고 있습니다. 물과 공기도 일정한 양을 유지하면서 줄지도 불어나지도 않습니다. 지구의 운동도 일정한 리듬을 유지하면서 자전과 공전을 하고 있습니다. 대자연계는 어느 것 하나 조화를 흩트리지 않고 항상 균형을 유지하면서 안정되어 있습니다.

대자연계는 이와 같이 중도라는 가장 안정된 축을 중심 삼아 서로 조화를 이루어 공존하고 있습니다. 중도의 정신은 만물을 살리는 조화의 마음이며, 조화는 사랑과 자비가 그 근본을 이루고 있습니다.

사랑과 자비의 마음이 될 때 우리들은 비로소 대자연의 중도와 합치될 수 있으며, 평화로운 낙원생활을 누릴 수

마음이란 무엇인가?

있게 됩니다.

그런데 인간은 선택과 창조의 자유를 부여받아 육체를 지녔기 때문에 한쪽으로 기울어지는 경향이 있어서 오늘날 인류사회는 온갖 주의와 사상이 난무하여 투쟁과 파괴가 그칠 날이 없습니다.

여덟 가지 바른길은 인간 생활에 있어서 취해야 할 으뜸의 기준이고 대자연의 마음과 합일되기 위한 규범이며, 천국에 이르는 가교입니다.

좌에도 우에도 기울어지지 않는 중도에의 길, 즉 신성神性에의 길, 바른 깨달음에 이르는 길입니다. 반성의 척도인 여덟 가지 바른길을 실천하기 위해서는 그 하나하나의 목적을 이해하고 그에 따른 노력과 용기, 지혜가 필요합니다.

1. 바르게 본다

사물을 올바르게 보기 위해서는 우선 자기 개인의 입장을 버리고 제삼자의 입장에서 사물을 볼 줄 알아야 합니다.

우리들은 보통 남의 문제에 대해서는 비교적 정확한 판단을 내리지만, 자신의 문제이고 더욱이 이해관계가 얽히게 되면 시비의 판단이 흐려져 이따금 후회스러운 결과를 빚기도 합니다. 자신의 문제가 되면 어느새 자기보존自己保存의 마음이 작용하여 아욕에 사로잡히기 때문입니다.

올바른 관찰, 올바른 판단은 자신을 버리고 제삼자의 입장, 즉 객관적인 입장에서 사물을 냉철하게 보는 데에서 나올 수 있습니다. 그리고 이러한 견해는 마음의 내면까지 파고 들어가 지금까지 옳다고 여겼던 일이 전혀 반대인 경우도 알게 됩니다. 현상의 겉모양만을 보고 판단을 내리면 틀리는 경우가 많습니다. 현상 뒤에 숨은 원인을 찾아내고 그 원인을 제거하는 노력이 필요합니다. 원인을 찾아내기 위해서는 객관적 입장에서 반성을 해야 합니다. 반성을 통해 찾아낸 원인은 없애야 합니다.

올바르게 보는 힘은 올바른 견해를 낳습니다. 그렇게 되면 이 세상의 어지러운 움직임에 마음이 흔들리지 않고 언제나 마음의 평화를 유지할 수 있습니다. 이 세상에 일어난, 그리고 일어나고 있는 모든 일들은 반드시 원인이 있습니다. 모든 것은 그 원인의 결과로서 나타나는 것인 만큼 바르게 보는 실력이 갖추어짐에 따라 현상의 뒤에 숨은 원인을 찾기가 쉬워집니다.

바르게 본다는 것은 이러한 마음의 눈을 길러감으로써 향상되고 정확해지며, 마침내 신의 마음에까지 닿게 되는 것입니다. 바르게 본다는 것은 여덟 가지의 바른길의 가장 기본이 되는 것으로 사물의 정확한 판단과 올바른 견해를 얻는 데 목적이 있습니다.

바르게 보기 위해서는 다음과 같은 네 가지의 자세가 필요합니다. 첫째, 감사하는 마음을 가져야 합니다. 둘째, 모든 사물의 원인은 인간의 상념에 있으며, 물질적 이 세상은 상념의 결과라는 것을 먼저 이해해야 합니다. 셋째, 기성관념을 백지화하고 사물의 진실을 파악해야 합니다. 넷째, 정견의 반대는 사견이며, 사견은 사심에 의해서 생기는 것이므로, 사심을 버리고 항상 선의의 제삼자의 입장에서 사물을 보아야 합니다.

2. 바르게 생각한다

보고 듣고 말하는 행위 가운데에는 중도를 중심으로 한 올바른 생각이 있어야 합니다.

자기중심의 생각은 자신을 망칩니다. 모든 것은 상호작용하며 순환의 법칙에 따르고 있으므로 자기보존의 상념은 결국 자기 자신에게 돌아오기 때문입니다. '제 꾀에 제가 넘어진다', '남의 눈에 눈물 내면 내 눈에 피눈물 난다' 등의 속담 그대로입니다.

생각한다는 것은 바로 창조행위이기 때문에 자신의 운명을 좋게 하려면 우선 생각을 올바르게 가지지 않으면 안 됩니다.

생각은 행동의 전제이지만, 행동 그 자체와 다르지 않다는 사실을 알아야 합니다. 마음으로 간음한 것은 행동으로 간음한 것 이상으로 죄악시하는 것이 진리眞理입니다.

정사正思도 정견正見과 마찬가지로 제삼자의 입장에서 생각해야 합니다. 상대방의 입장, 상대방의 행복을 비는 조화를 목적으로 한 사념思念이 중요합니다.

정도正道의 목적은 '마음의 평화' 이며, 마음이 늘 어둡고 불안하면 아무 일도 안 됩니다.

올바른 생각은 사랑과 자비에서 비롯됩니다. 이외의 생각은 모두 자아에서 나옵니다. 사랑과 자비의 생각은 천상계로 통하고 미움과 노여움의 생각은 지옥계로 통합니다.

질병이나 재난과 같은 불행의 원인은 올바르게 생각하지 않는 자기본위에 마음이 흔들리고 있기 때문입니다.

여기서 한 가지 중요한 것은 인내(참는 것)와 인욕忍辱을 구별해서 생활해야 한다는 점입니다.

인내는 고통, 슬픔, 노여움, 미움 등의 감정을 뱃속에 집어넣는 것을 의미합니다. 나 혼자만 참으면 집안이 평온할 테니 내가 참는다고 생각하는 '참음' 은 독이 되고, 질병과 불행의 원인이 됩니다.

한편, 인욕은 견디고 참는다는 뜻에서 인내와 비슷하긴 하지만 고통, 슬픔, 노여움, 미움 등을 뱃속에 삼키지 않는 것을 말합니다.

만약 말을 해도 통하지 않을 때에는 상대방의 마음에 평안과 조화가 깃들기를 신에게 빌어주는 넓고 큰마음을 가져야 합니다. 이러한 인욕을 익혀서 독을 삼키는 일은 하지 말아야 합니다.

생각하는 것은 만물의 시초이다. 모든 현상은 생각으로부터 시작되므로 남을 살리는 사랑의 생각, 중도의 생각이 이 정사正思의 밑바탕이 됩니다.

선한 생각을 하면 선善이 돌아오고, 악한 생각을 하면 악惡이 돌아옵니다. 생각은 창조하는 행위입니다. 남을 살리고 상부상조하는 생각이 자신을 조화시키고 인간 집단을 조화시키는 근본입니다.

바르게 생각한다는 것은 여덟 가지의 바른길 중에서 가장 중요한 부분입니다.

3. 바르게 말한다

말은 살아있는 영파靈波로서 상대방에게 전달됩니다. 한 번 내뱉은 말은 상대방의 귀로 들어가면 조화나 부조화 중 어느 한 가지 현상을 불러일으킵니다.

지나치게 알랑거리는 말과 불손한 말은 다른 사람의 마음을 상하게 합니다. 자기의 뜻을 올바르게 전달하기 위해서는 말은 적어도 안 되며 많아도 좋지 않습니다. 무엇보다 상대편의 마음이 되어 대화하는 것이 중요합니다.

혼히 거리에서 사람들끼리 서로 고함지르며 다투는 것을 볼 수 있습니다. 설사 상대방이 고함을 질러도 반발하지 말아야 합니다. 자신의 생각이 백 번 옳다는 판단이 나더라도 반발을 해서는 안 됩니다.

반발심은 자기보존이며, 자기중심의 생각입니다. 그런 상황일수록 올바르게 대화해야 합니다. 다툼은 부조화의 원인을 만들기 때문입니다.

상대가 화를 내도 마음에 동요를 일으켜서는 안 됩니다. 선악을 잘 판단하고 그 위에 마음을 조화시켜야 합니다. 화를 냈을 때 발산하는 나쁜 마음의 파장은 결국 화낸 사람에게 돌아갑니다. 그것을 순환의 법칙이라고 합니다.

'말한다'는 것은 나와 상대의 뜻이 교류한다는 것을 의미합니다. 부드러운 말에서 받는 느낌과 거친 말에서 받는 느낌은 크게 다릅니다. 주고받는 느낌이 좋은 부드러운 대화 가운데서 조화가 이루어집니다. 어떠한 비방이나 험담, 노여움에도 마음이 흔들려서는 안 되며, 한쪽 귀로 듣고 한쪽 귀로 흘려버려야 합니다. 그리고 왜 그런 말을 듣게 되었는가, 반성해야 합니다.

만일 그런 억울한 말을 들을 만한 원인이 없을 때에는 그를 위해 '신이시여, 부디 저 분의 마음에 평안을 주소서'

라고 기도해 주어야 합니다. 이런 마음이 바로 보살심菩薩心·대천사의 표현이며, 정어의 핵심입니다.

생각하는 것은 말이 됩니다. 사랑의 생각은 사랑의 말이 됩니다. 바르게 말한다는 것은 사랑의 말입니다. 마음에 사랑이 있으면 말로 표현하기 전에 그 마음이 상대에게 전달됩니다.

4. 바르게 일한다

이 세상의 모든 생물은 일을 하도록 틀이 짜여 있습니다. 동물, 식물, 광물도 다른 생명체를 위해서 자신의 몸을 제공합니다.

사람도 남녀노소를 막론하고 예외가 아닙니다. 유아는 젖을 빨고 자는 것이 일이지만, 언젠가는 어른이 되어 다음 세대를 짊어지고 큰일을 하게 됩니다. 학생은 학교에서 공부를 하고, 사회인은 사회를 위해서 일합니다. 주부는 가정에서 아이들을 지키며 남편의 일이 잘 되도록 편안한 보금자리를 꾸밉니다.

일하는 것은 인간으로서의 의무입니다. 직업을 가지고 일하는 것은 남이 필요로 하는 것을 제공한다는 것을 의미합니다. 직업이 없는 사람, 일할 필요가 없는 사람이란 있을 수 없습니다.

오늘날은 저마다 분업에 종사하면서 자기의 생계를 이어 가는 동시에 남을 돕고 있습니다. 따라서 일한다는 것은 남에게 도움을 주는 것이기 때문에 사랑의 행위가 됩니다.

일을 하고 직업을 가진다는 것이 사랑의 행위임에도 불구하고 사회가 이렇게 혼란한 것은, 일을 단순히 돈벌이의 수단으로 생각하여 나만 좋으면 그 뿐이라는 사고방식에 그 원인이 있습니다.

정업은 이 세상의 조화에 이바지하는 행위이며, 그 기초는 사랑과 봉사의 마음입니다.

오늘날의 기업은 노사의 대립이 심각하여 투쟁과 반목이 그칠 날이 없습니다. 경제의 합리화는 분배의 공평에 있기 때문에 서로의 입장을 헤아려 존중하는 마음을 가지고 대화로 풀어야 합니다.

인간은 경제의 노예가 아닙니다. 저마다 맡은 바 직업을 통해서 영혼을 닦아야 한다는 사실을 명심해야 합니다. 인간은 모두 형제이며 친구입니다.

정업은 영혼의 수행을 위해 꼭 필요한 것입니다. 또한 다른 사람들과 조화를 이루게 해주며, 다른 사람들을 도와줄 수 있습니다. 마지막으로 조화의 기초는 감사의 마음과 봉사의 행위입니다.

5. 바르게 생활한다

올바른 생활을 하기 위해서는 우선 자기 자신의 카르마 (결점)를 수정해야 합니다. 카르마는 성격상의 단점으로 나타납니다. 그 단점은 자신뿐만 아니라 남에게도 좋은 결과를 주지 못합니다.

성냄, 불평불만, 우유부단, 독선, 욕심, 뽐냄, 시기질투, 모함, 험담, 배타, 오만, 자기과시, 자폐, 증오, 나태 등 이러한 성격은 자신을 고립시키고, 나아가 자신의 운명을 불행하게 합니다.

올바른 생활은 먼저 자신의 단점을 장점으로 바꾸는 데 있습니다. 장점이란 밝고 성실하며, 정직하고 친절하며, 다른 사람을 도와주고 서로 협력하여 조화를 이루어 가는 성격을 말합니다.

사람은 원래 이러한 성격을 천성으로 가지고 있는데 환경, 교육, 사상, 습관, 그리고 오관에 사로잡혀 여러 가지 업을 짓게 됩니다. 업이 몸에 붙으면 업 자체가 순환(윤회)을 하기 때문에 불만스러운 일에 부딪치면 자신도 모르는 사이에 버럭 화를 내게 됩니다. 우리가 흔히 '알고 있는데 되지 않는다.' 라고 말하는 것이 카르마의 힘입니다.

우리가 가지고 있는 결점의 3분의 2는 금세의 것이고, 나머지 3분의 1이 과거세의 업입니다. 과거세의 업이 있기 때문에 반성을 해도 좀처럼 그 원인을 붙잡기 힘든 것입니다.

금세의 업은 과거세의 업에 영향을 받아 작용하고 있다. 금세의 업을 수정할 때 과거세의 업도 수정이 가능합니다.

업(카르마), 즉 원죄는 육체오관에 따른 육근, 미혹迷惑, 번뇌煩惱에서 오는 것이므로 우선 육근을 청정하게 하는 반성을 해야 합니다. 반성하는 생활을 할 때 자신의 카르마를 수정할 수 있습니다.

바른 생활의 목적은 정신적, 육체적인 조화를 이루기 위한 것입니다. 그러기 위해서는 자신의 장점과 단점을 잘 살펴서 카르마가 되게 한 여러 가지 자기보존의 상념을 바로 잡아야 합니다.

6. 바르게 노력한다

정진正進의 첫째 목적은 인간관계의 조화에 있다. 사람은 혼자 힘으로는 태어날 수도 없고, 또 살아갈 수도 없습니다. 반드시 부모와 형제, 자매, 부부, 이웃, 친구, 선후배 등 대인관계 속에서 생활하게 됩니다. 이러한 인간관계를 통해서 자신의 마음을 닦고 상대를 존중하는 마음이 길러지는 것입니다.

오늘날과 같은 물질 만능주의 사회에서는 부모 자식 사

마음이란 무엇인가?

111

이가 남이 되고, 부부 사이는 향락의 대상으로 생각하고, 친구는 이익을 위한 수단에 지나지 않는다고 생각하는 사람이 늘고 있습니다. 자신을 제외한 모든 사람이 남이 되는 것입니다. 무서운 일이 아닐 수 없습니다.

부부의 관계는 서로 부족한 부분을 채워주며 가정이라는 천국을 창조하여 자손을 키워 나가야 하며, 부모자식의 관계는 과거세의 인연과 약속에 의해서 맺어진 사이인 만큼 부모는 자식을 돌보고 자식은 부모에게 효도하는 것이 마땅한 도리입니다.

형제는 영혼의 향상을 위해서 서로 절차탁마切磋琢磨하는 사이이며, 친구나 선·후배는 사회생활을 하는데 좋은 협력자라고 볼 수 있습니다. 이러한 조화로운 인간관계를 이루기 위해서는 사랑의 마음이라는 기둥이 필요합니다. 사랑이야말로 조화의 모습이며, 이 지상의 빛입니다.

정진正進의 두 번째 목적은 인간사회가 오랫동안 유지될 수 있도록 동물, 식물, 광물의 자연 자원을 정비하고 활용하는 일입니다.

우리는 동물, 식물, 광물이 없으면 살 수 없습니다. 그렇기 때문에 산림을 보호하고, 수렵을 금지하고, 자연을 보호하는 것이 중요한 것입니다. 우리는 자연 자원을 순환의 법칙에 맞게 소중하게 가꾸어야 합니다. 자연의 중요성이 여기에 있습니다.

우리는 인간관계를 비롯하여 자연 자원과의 관계에서도 항상 '복수'라는 관계 속에 있다는 사실을 명심해야 합니다. 이 복수라는 사회환경, 자연환경 속에서 다른 사람을 이롭게 하고, 상부상조해 나가는 것이며 일상생활 속에서도 근검절약하고 검소한 생활을 하는 것이 바로 올바르게 도에 정진하는 길이 되는 것입니다.

이렇듯 정진의 목적은 인간관계의 조화와 자연환경과의 조화에 있습니다.

7. 바르게 염원한다

정념正念의 반대는 사념邪念입니다. 사념이란 자기 입장만 생각하는 자기중심의 상념이며, 욕심의 상념입니다.

욕심의 상념이 강하면 강할수록 이 세상은 혼란해집니다. 만족할 줄 모르는 욕심은 서로 융화될 수 없는 에고Ego가 되며, 에고는 자기본위의 자아이기 때문에 서로 협조하여 조화를 이루는 것이 매우 어렵습니다.

염念의 방향이 자기중심일수록 번뇌는 많아지고, 마음속에 업을 짓게 됩니다. 마음의 업이 많아지면 진실과 허위의 구별이 불가능해져서 이 세상은 말법末法이 됩니다.

생각하는 것은 염에 의해서 행동으로 바로 나타납니다.

가령 대학에 진학할 경우를 보겠습니다. A대학은 경쟁률이 높으니까 B대학과 C대학을 두고 망설이게 됩니다. 이 단계에서는 마음속으로 생각한 것일 뿐 행동으로 나타나지 않은 상태입니다. 그러나 고민 끝에 B대학으로 결정했다고 하면 그 학생은 B대학을 목표로 공부를 할 것입니다. 마음속으로 생각하고 결심한 후에는 바로 시험공부라는 행위가 시작됩니다.

염의 작용은 B대학으로 결정했다는 의지의 결정입니다. 즉 염이라는 것은 어떻게 하겠다, 어떻게 되고 싶다와 같은 목적의식이고, 의지의 결정이며 동시에 행위가 되는 것입니다.

염에 의해서 마음속에 생각하는 창조행위를 구상화하고 있는 것입니다. 한 번 발사된 염파念波는 일 초 동안에 지구를 일곱 바퀴 반이나 돌아서 다시 자기 자신에게로 돌아옵니다. 이는 빛보다 더 빠른 속도입니다. 이것은 순환(윤회)을 의미합니다.

착한 염원은 선념이 되어 돌아오고 악한 염원은 악념이 되어 발신자에게 돌아옵니다.

정사正思와 정념正念은 창조의 근원이며, 일을 할 수 있는 에너지이기 때문에 이것을 바르게 하는 것이야말로 중요한 일입니다.

사람의 행복과 불행은 마음속으로 생각하는 것思, 염念하는 것에 의해서 결정됩니다. 올바른 신념 이상으로 인생을 성공으로 인도하는 묘약은 없습니다.

염은 에너지이며, 사물을 만들어내고 이 세상의 모든 것의 원인입니다. 또한 염은 목적의식이므로 행위를 의미합니다. 다른 사람을 살리는 사랑과 자비의 염이 아닌 것은 모두 카르마의 온상이 됩니다. 정념은 사념邪念과 비교해서 생각하면 그 뜻이 더욱 명확해집니다.

8. 바르게 반성한다

우리들은 자기반성을 통해서 사물의 도리를 이해하고, 같은 잘못을 되풀이하는 어리석음에서 벗어날 수가 있습니다.

반성이야말로 신이 인간에게 부여한 자비이며, 사랑의 능력이라고 할 수 있습니다. 동물들은 본능과 감정은 있지만, 반성이라는 이성의 능력, 지성의 작용은 없습니다.

반성은 바르게 본다, 바르게 생각한다, 바르게 말한다, 바르게 일한다, 바르게 생활한다, 바르게 노력한다, 바르게 염원한다의 일곱 가지 규범에 따라 실천해야 합니다. 이 중도의 척도에 비추어 하루 동안 올바르게 보고, 바르게 생각하고, 바르게 말하고 들으며, 바르게 일하고, 바르고 생활하고, 친구를 소중히 여겼는지, 올바르게 정념했는지 등을 매일 반성해야 합니다.

'개성' 과 '업' 은 비슷하게 보이지만 서로 다릅니다. 사람마다 개성과 업이 있어 일상생활에 큰 영향을 미치고 있으므로, 우선 개성과 업의 차이점을 찾아내는 노력을 해야 합니다.

그러기 위해서는 한 살에서 열 살, 열 살에서 스무 살, 스무 살에서 서른 살… 이와 같이 연대별로 자기 자신을 반성해야 합니다. 반성을 통해서만 자신의 업이 어떤 것이며, 전체 속에서의 자신의 위치, 자신의 역할이 분명하게 드러납니다. 개성은 사람 각자가 가지고 있는 특성과 기질에서 발생하는 인격과 역할 등을 말합니다.

연대별로 반성해보면 저마다의 성격이 대체로 세 살에서 열 살 사이에 거의 형성되었다는 것을 알 수 있습니다.

가령 조급한 성격 때문에 다른 사람의 마음을 힘들게 하거나 대인관계, 거래관계, 가족관계 등에 있어서도 문제를 일으키고 성공할 기회를 놓치는 경우가 일어났다고 한다면, 그 조급한 성격은 대체로 세 살에서 열 살 사이에 형성됩니다.

막내로 태어나서 부모님과 친척들의 과잉보호와 편애를 받게 되면, 자기도 모르는 사이에 응석이 몸에 배게 됩니다. 자기의 주장이 가정에서는 무사통과되지만, 성인이 되어 사회에 나가면 사정이 달라집니다. 자기주장이나 희망이 꺾이게 되면 마음은 곧 평온을 잃게 됩니다.

어릴 때 몸에 밴 응석은 처음 가정에서 폭발하여 고함을 지르거나 부부싸움으로 번지게도 합니다. 울적한 기분은 대인관계, 사업상의 거래관계에도 영향을 미치게 됩니다. 자신의 마음대로 되지 않을 때 일어나는 조급한 성격은 어릴 때 응석받이로 자란 가정환경에 큰 원인이 있었던 것입니다.

물론 사람에 따라서는 조급한 성격이 20~30대에 형성되는 경우도 있습니다. 일찍이 부모를 잃거나 가정환경이 좋지 않아서 어릴 때 고생을 많이 한 사람이 20~30대에 성공해서 하는 일마다 뜻대로 이루어 지게 되면 다른 사람이 일하는 모습이 굼벵이처럼 보여 버럭 화를 내게 됩니다.

어릴 때 고생을 많이 한 중소기업 사장들 중에서 이런 유형을 많이 볼 수 있습니다. 눈에 보이는 원인은 20~30대에 있지만, 그것 역시 반성해보면 어릴 때 몸에 밴 고생 때문에 사람을 미워하고, 시기 질투하며, 남을 원망하고 한탄하던 마음이 아로새겨져 성인이 되어서 자신도 모르게 성급한 화로 변형되어 튀어나오게 되는 것입니다.

고생 끝에 성공한 사람은 남을 믿지 않는 경우가 많습니다. 가정의 애정이 부족하기 때문에 고독을 많이 느끼고, 자신의 의견을 밀어붙이거나 화를 내는 조급한 성격이 되기 쉬운 것입니다.

지금까지 조급한 성격과 그 원인에 대해 살펴보았습니다. 사람마다 그 원인이 다르겠지만 연대별로 훑어보면 대개 어릴 때 형성되어 성인이 되어감에 따라 여러 가지 갈래로 가지를 뻗게 됩니다.

업(카르마)이라는 것은 자신에게 뿐만 아니라 남에게도 플러스가 되는 경우가 드물어서, 대게 그 사람의 결점, 단점의 모습으로 나타나게 됩니다.

업은 원래 집착의 상념입니다. 살아가면서 업은 가정과 환경, 교육, 습관, 친구 등의 영향을 받아 형성되어 갑니다.

음식물 하나만 보아도 업이 되고, 그 사람의 성격을 형성해 나간다는 것을 알 수 있습니다. 가령 육식은 혈액을 산성화시키고 수명을 단축시키는 원인을 만든다고 자기의 생각을 내세우며 식물성 식사만을 고집한다고 하면 사람을 대하는 마음, 세상을 보는 시각, 사물의 가치를 판단할 때 자신도 모르게 편견을 가지게 됩니다. 이것은 좋고, 이것은 나쁘다는 식으로 사물을 간단하게 이분법하여 단정 짓고 맙니다.

좋고 나쁨의 판단은 중요한 일이지만, 그 판단의 잣대가 자신만의 얕은 경험이 토대가 될 경우에는 자신에게만 해당될 뿐 다른 사람에게는 해당되지 않을 경우가 많은 것입니다.

예수님도 석가모니 부처님께서도 음식을 가리지 않고 차려진 것은 무엇이든지 골고루 잘 드셨습니다.

일단 질병에 걸린 환자나 육체적으로 결함이 있을 경우에는 식생활의 규제와 통제가 불가피한 것은 예외입니다.

이렇듯 사람의 성격, 업이라는 것은 생활환경에 따라 자기도 모르는 사이에 형성되어 가는 것입니다. 그 형성된 성격 안에서만 자신을 바라본다면 영혼의 격상은 기대할 수 없습니다.

업은 항상 순환(윤회)하고 있습니다. 평소에는 조급한 성격이 드러나지 않지만, 다급한 상황에 처하거나 마음에 거슬리는 사건을 만나면 어느새 울컥 나타나는 성질입니다. 성격의 결점을 수정하기 위해서는 반성을 통해 그 원인을 밝혀내고 용기와 노력, 지혜의 힘으로 두 번 다시 같은 잘못을 저지르지 않도록 해야 합니다.

원인을 알게 되고 그 원인에 휘말려온 자신을 알게 되면 상대했던 사람들과 신에게 사과하지 않으면 안 되는 마음이 일어나게 됩니다. 지나간 잘못을 고치고 착해지는 마음이야말로 업을 극복하는 발판이 되기 때문입니다.

만일 그 반성이 진심이 아니거나 혹은 반성 후에 감사와 보은의 눈물(마음)이 우러나지 않는다면 그 반성은 진짜라고 볼 수 없습니다. 결점, 단점, 업이라는 것은 자신을 불편하게 할 뿐만 아니라 주변 사람들과의 조화를 이루기도 어렵습니다.

'나는 반성할 게 없어'라고 말하는 사람이 흔히 있는데, 그런 사람은 반성의 정도가 얕거나 아직 반성이 무엇인지 그 진수를 알지 못하고 있는 사람입니다.

유복하게 생활하고 있는 사람일수록 반성할 재료가 없다고 생각하지만, 그 유복한 환경이 부모의 은덕인지, 남편의 덕인지, 남편은 사회에 나가서 어떻게 활동을 하고 있는지, 부모님은 재산을 어떻게 모았는지 등등을 세밀하게 추궁해 보면 지금까지 맹목적으로 살아온 자신의 모습을 발견하게 될 것입니다.

또한 자신과는 달리 가난에 시달리고, 고생하는 사람들을 생각해보면 자신의 생활 태도에 의문이 생겨날 것입니다. 이와 같이 반성할 재료는 산더미처럼 많은 것입니다.

정정의 첫 번째 목적은 선정禪定이라는 반성적 명상에서 시작하여 수호령·지도령과의 대화를 거쳐 보살의 마음인 사랑과 자비의 행동을 할 수 있는 경지에 도달하는 것입니다.

두 번째 목적은 선정禪定의 마음이 그대로 일상생활에 활용되는 것입니다.

우리는 하루 종일 선정만 할 수는 없습니다. 가정을 꾸리고 사회의 일원으로 일해야 하기 때문에 선정은 하루의 일부분이어야 하며 동시에 하루의 활동에 동력원으로 삼아야 합니다.

정정正定을 일상생활에 살려나감으로써 우리는 '여심如心'의 단계에 도달할 수 있습니다. 여심이란 자신의 마음을 이해한 것을 말하며, 그것은 또한 상대방의 마음을 어느 정도 읽을 수 있는 능력을 말합니다.

사람의 마음과 성격은 오래 사귀어 보지 않고서는 모릅니다. 그러나 여심의 경지에 이르면 처음 만나는 사람이라도 의식의 정도, 성격, 생활태도 등을 금방 알 수 있습니다. 그리고 무엇보다도 일상생활을 안심과 기쁨 속에 보낼 수 있게 됩니다. 반성에 의해서 마음이 안정되면, 부동심이 길러지는데 그 부동심을 일상생활에 활용하지 않으면 정정의 의미는 반감됩니다.

정정은 저 세상과 가장 가까운 교류장입니다. 정정에는 여러 단계가 있지만 그 단계는 중요하지 않습니다. 중요한 것은 마음의 조화, 안정, 지혜의 용출 등을 위해 정정을 해야 한다는 것입니다.

인간 사회가 평화롭게 되면 저 세상의 지옥도
평화로워진다고 하는데, 지옥 구제는 구체적으로
무엇인가?

   원칙적으로 태양의 빛이 닿지 않는 곳에 생물은 생존할
수 없습니다. 그런데 해저 깊숙한 곳에 혹은 땅속 깊은 곳
에 미세한 생물이 존재하고 있습니다. 가령 바닷속은 3천
미터 깊이까지는 태양광선이 도달하며 그 이하는 암흑세
계가 되지만 6천 미터, 1만 미터 밑의 깊은 심해에도 갑각
류甲殼類 같은 생물이 살고 있습니다.

   그러면 이러한 생물들이 어떻게 그런 곳에서 살 수 있을
까요? 심해어深海漁나 플랑크톤 가운데에는 수직이동을 하
며 밤이 되면 해면海面 가까이 부상하고 낮이 되면 해저海
底 깊이 숨어서 생활하는 것들이 적지 않게 있습니다.

   즉 태양이 비치는 해면상에 부상하여 미끼를 찾아먹고
다시 바다 밑으로 내려가는 것입니다. 한편 부상하지 않는
생물은 부상하는 생물을 미끼로 삼고 살아가면서 간접적
으로 태양의 은혜를 입고 있다는 뜻이 됩니다. 또한 땅속
깊이 생식하는 온갖 생물들도 심해어와 마찬가지의 생활

을 하고 있는 것입니다.

본론으로 돌아와서 저 세상의 지옥계地獄界는 신이 창조한 세계가 아니라 지상의 인간이 자기 본위로 생활했기 때문에 만들어낸 세계입니다. 지옥계에는 저 세상의 태양이 전혀 들지 않습니다. 빛이 없으면 그들은 살아갈 수 없습니다. 그래서 그들은 지상의 인간에게 살아갈 수 있는 에너지를 흡수하여 살아가게 되는 것입니다. 그런 의미에서 지옥령은 흡혈귀吸血鬼입니다. 그들은 이와 같이 지상의 인간을 미끼삼아 에너지를 흡수하면서 암흑세계에 살고 있는 것입니다.

살아있는 인간이 자기 일만 생각하고 함부로 이기적인 생활을 하고 있으면 그들은 그런 인간의 어두운 마음을 근거 삼고 빙의하여 에너지를 빼앗아가고 있는 것입니다.

질병이나 사고나 재난 등 부조화한 사건이 많이 일어나면 일어날수록 지옥령은 살맛이 나고 지옥계를 더욱 소란스럽게 만들고 있는 것입니다.

이런 의미에서 지옥계를 소멸시키고 저 세상을 천국으로 만들기 위해서는 우선 지상의 인간이 조화로운 생활을 해야 합니다. 조화로운 생활이란 서로 위하고 돕는 모습입니다.

지상의 생활이 사랑으로 충만하면 지옥령은 생활의 터

전을 잃게 되고 인간사회도 명랑하게 밝아지는 것입니다. 그래서 그들에게 반성의 기회를 주게 되어 인간계와 지옥계의 악순환의 고리를 끊을 수 있는 큰 기초가 되는 것입니다.

흔히 마가 낀다는 말을 자주 하는데 불행한 일은 지옥령이 침입해서 상상도 못할 사고를 불러일으키기 때문입니다. 하지만 마가 끼는 데는 그럴 만한 이유가 반드시 있습니다. 평소에 화를 잘 내고 누군가를 미워하는 감정으로 마음이 흔들리고 있으면 큰 압이 걸려 폭발하여 큰 사건으로 커지게 되는 것입니다.

따라서 원인 제공자는 어디까지나 자기 자신임을 명심하고 지옥령을 올바른 방향으로 구제하기 위해서도 평소의 마음가짐을 조심 또 조심해야 하는 것입니다.

정도正道가 널리 퍼지면 악령이 더욱 심하게 설쳐댄다는 것은 그들이 살아가는 터전을 잃게 되기 때문입니다. 하지만 그렇게 하지 않고서는 이 지상도 지옥계도 조화를 이룰 수 없습니다. 이런 뜻에서 지옥 구제는 우선 지상에 조화로운 낙원을 건설할 때 시작되는 것입니다.

본능과 욕망의 본질과 서로의 관계는 무엇인가?

 본능에는 먹는 식본능과 종족보존을 위한 성본능이 있습니다. 모성본능이라는 것도 있지만, 식食과 성性이 가장 근원적인 본능입니다. 이 두 가지 본능은 비단 인간뿐만 아니라 생물이 살아가는데 절대로 없어서는 안 될 기본조건입니다.

 만일 이 두 가지 본능이 없다면 지상의 생물은 모두 멸종해버릴 것입니다. 멸종시키지 않기 위해서 신은 이 두 가지 본능을 모든 생명에게 부여했습니다. 그러므로 본능은 생물이 생존하기 위해 꼭 필요한 기본조건이라고 할 수 있습니다.

 인간을 제외한 모든 생물의 본능은 강력한 제한을 받고 있습니다. 자유롭게 풀어주면 종족 안에서 또는 종족과 종족간의 조화를 무너뜨릴 위험성이 있기 때문입니다.

 인간에겐 어떠한 제한이나 제약도 없습니다. 인간이 만물의 영장이라는 점은 여기에서도 엿볼 수 있습니다. 인간은 지혜와 이성의 힘으로 스스로 다스려갈 수 있도록 되어 있기 때문에 본능의 제약을 받지 않습니다.

다음으로 욕망에 대해 설명하겠습니다. 욕망은 본능의 영향력을 가장 강하게 받아 나타나는 에너지입니다. 본능은 생존에 필요한 최저의 조건을 추구하는 것이며, 따라서 욕망을 가장 강력하게 자극해가는 것이기 때문입니다. 하지만 욕망은 어디까지나 이차적으로 생겨난 정신 작용입니다.

본능은 생존을 위해 꼭 필요한 생리적, 일차적인 정신작용입니다. 욕망 가운데에는 지성知性에서 오는 시기, 질투, 중상모략이 있고 본능과 감정에서 오는 권세욕이나 명예욕, 자리다툼 등이 있습니다.

이와 같이 본능과 욕망의 차이점은 매우 분명합니다. 욕망이 눈뜨는 토양은 매우 다양하지만 본능은 그 토양의 일부에 지나지 않습니다. 따라서 본능과 욕망은 다른 것이며 다른 차원에서 고려해야 할 문제입니다.

그렇다면 욕망은 어떠한 이유에서 발생하는 걸까요? 욕망의 근본은 자아에 대한 집착입니다. 자아, 집착은 나와 다른 사람과의 상대적 대립관입니다. 서로 일치하지 않기 때문에 매우 개인적이고 고립적이며 배타적인 생각에서 발생합니다.

그렇지만 오늘날의 문명사회는 욕망이 그 토대가 되어 있기에 욕망이 없으면 아무 것도 발전할 수 없지 않느냐고 반문하는 사람도 있을 것입니다. 그러나 그런 욕망이 없어도 사회는 발전합니다. 그것은 인간으로서의 의무와 헌신과 박애, 협조와 연대감 같은 것이 있으므로 문명은 더욱 더 큰 발전을 이룰 수가 있는 것입니다.

욕망을 가진 인간의 의식사회에서 가령 사회 복지제도가 잘 되어 많은 노약자가 혜택을 충분히 받는다고 한다면 인간은 일과 발명이나 발견에 대한 의욕을 상실할 것입니다. 그러면 그 사회는 제대로 운영될 수 없을 것입니다.

사회 복지제도가 잘 된 나라에서 자살하는 사람이 많고 성이 문란하다는 것은 인간으로서의 자각이 없는 데에 원인이 있는 것 같습니다. 현대의 의식 상태에 있어서는 욕망과 발전을 분리해서 생각한다는 것은 곤란하다고 볼 수 있지만 그렇다고 욕망을 방치해두면 괴로움은 영원히 이어질 것입니다.

그래서 중요한 것은 만족할 줄 아는 생활, 감사하는 생활, 서로 돕는 생활을 보내는 것입니다. 도를 지키고 본능과 욕망을 스스로 절제하는 자세는 마음의 조화를 이루고 개인의 조화는 더욱 더 큰 발전을 이룰 것입니다.

인류 구제를 위해서는 전쟁과 혁명과 투쟁도
불가피하다고 한다. 과연 이상적인 사회는 어떤
사회일까?

　평화를 위한 전쟁, 그것은 틀림없는 인류의 역사였습니
다. 전쟁과 평화의 기간을 구분해보면 7대 3, 혹은 그 이상
의 비율이 될 것입니다.

　그러나 평화를 위한 전쟁에 의해서 인류는 행복을 과연
누렸을까요? 지금껏 행복하지 않습니다. 전쟁의 역사는
평화를 위한 전쟁이 인류를 행복하게 만들지 못한다는 사
실을 증명하고 있지 않습니까?

　이상적인 사회는 조화로운 사회입니다. 마음속에 싸움
의 상념을 품지 않는 사회입니다. 싸움의 상념은 자기 보
존과 만족할 줄 모르는 욕망에서 발생합니다.

　이것을 조화시키기 위해서는 먼저 인간으로서의 목적과
사명을 확고하게 자각해야 합니다.

　인류의 조화는 우선 당신 자신의 마음부터 평화를 만들
어 나가야 합니다.

다른 사람에게 해를 끼치거나 나쁜 영향을 주는
직업이 있다. 나쁜 직업이란 과연 어떤 것이 있는가?

어떤 지방 공공 단체장은 경마나 경륜이 국민 생활에 해
를 끼친다고 해서 이를 폐지해버렸습니다. 그런데 그 후
경기가 하락하여 세금 수입률이 떨어지자 경마와 경륜의
수입이 얼마나 컸는지를 새삼 깨닫게 되어 그것을 부활시
킬 것인지 말 것인지를 고민한 끝에, 직원은 해고시킬 수
없다고 판단하여 경마와 경륜을 다시 열었습니다.

또 주식 시장에 대해서도 같은 이야기를 할 수 있을 것입
니다. 자본주의 사회에서 주식 거래는 경제 구조상 도저히
폐기할 수 없는 노릇입니다. 이것을 없애면 자금의 공모가
불가능해져 경제 발전이 난관에 부딪치게 됩니다. 그런데
주식 매매를 하여 얼마나 많은 사람이 자살을 하거나 눈물
을 흘렸습니까?

공장이 활기를 띄고 번영한다는 것은 거기 종사하는 노
동자는 물론이요, 그 공장에서 생산된 상품으로 얼마나 많
은 국민의 생활이 풍족해지고 있습니까? 하지만 공장의
활기는 공해를 일으켜 일하는 직원뿐만 아니라 지역 주민

도 피해를 입게 됩니다. 공해문제를 생각하면 공장을 없애는 것이 좋겠다는 생각이 들지만 공장을 없애면 노동자와 소비자가 힘들어집니다.

이와 같이 사물에는 작용과 반작용의 공실이 늘 따라다니게 마련입니다. 따라서 한쪽만 보고 당장 그 사물의 시비를 논할 수 없습니다. 이를테면 필요악이라는 형식으로 사회의 한 구석을 지탱하고 있는 것이 사실입니다.

그런데 이러한 악의 현실은 무엇이 원인이 되어 나타나는 것일까요. 그것은 인간의 마음속에 도사린 만족할 줄 모르는 욕심입니다. 제도 그 자체에 결함이 있기도 하지만 그 이전에 인간의 욕망에 더 큰 문제가 있는 것입니다.

모두가 정신을 차려 욕망을 주체로 한 상념행위는 작용과 반작용의 격차를 크게 하여 악을 조장시킨다는 것을 조심하게 되면 이러한 악의 현실은 물러나게 될 것입니다.

마음의 에너지는 무엇인가?

인간의 마음이 우주의식과 직결되어 있습니다. 그럼에도 불구하고 우리는 괴로워하거나 질병에 걸려 고통을 호소하고 불시에 사고나 재난을 당하기도 합니다. 우주의식에 직결되어 있는데도 그럴까요?

우주의식이란 조화의 의식이고 선의 에너지를 의미합니다. 우리가 만약 조화로운 생활을 하여 우주의식과 연결되어 있다면 그러한 일은 절대 일어날 수 없습니다.

인간이 동물과 식물과 광물을 섭취하여 에너지로 바꾸어 육체를 유지시키지만 아무리 맛좋은 음식을 먹고 에너지를 공급받아도 사고나 질병은 끊이지 않습니다.

당신은 이 둘의 차이를 생각한 적이 있습니까? 마음의 에너지는 신으로부터 부여받은 것입니다. 각자의 마음은 우주의식인 신과 연결되어 있지만 자기 보존의 욕심에 의해서 신의 마음에서 벗어나면 조화로운 에너지를 공급받을 수 없습니다. 신의 에너지는 각자의 선한 마음에 비례해서 공급되는 것입니다.

어느 교단의 교주敎祖는 이 세상에는 선만 있으며 악은

없다고 말합니다. 악이나 불행은 마음의 그림자이며 사람은 누구나 선한 마음만 있다면서 현실의 불행을 부정하고 있습니다.

이 때문에 신자들은 병에 걸리면 살금살금 숨어서 의사를 찾고 여러 사람들 앞에서는 건강한 척합니다. 올바른 생활을 하기 위해서 그 교단에 가입한 것일 텐데 오히려 그것이 자신을 위선자로 만드는 사실은 안타깝고 한심한 일입니다.

악은 원래 없던 것인데 인간이 제멋대로 정도正道의 궤도에서 이탈했기 때문에 생겨난 것입니다. 올바른 생활을 하면 신으로부터 조화의 에너지를 받을 수 있으며, 조화의 에너지를 받으면 방황하는 일이 적어져 편안하고 늘 안심하고 일상생활을 할 수 있게 됩니다.

뜻밖의 행운이 찾아온다든가 스스로 상상하지 못했던 좋은 일들이 일어납니다. 또한 지혜가 솟아나 재난을 미연에 방지하기도 하고 일이 순조롭게 풀리기도 합니다. 이러한 조화의 에너지는 음식물에서 섭취되는 것이 아니라 각자의 일상생활이 바르고 안정적일 때 얻어지는 것입니다.

올바른 생활이란 먼저 각자의 마음인 상념이 정도正道에 따르고 있어야 합니다. 화나 미움과 만족할 줄 모르는 불평불만과 시기와 질투심으로 마음이 흔들리고 있는 한 조화의 에너지는 기대할 수 없습니다. 그런 마음은 조화의 에너지와 파장(마음의 다섯 가지 법칙 가운데 하나인 파장 공명의 법칙)이 맞지 않기 때문입니다. 조화의 에너지는 육체까지도 지배합니다.

잠자리에 들기 전에 반성 참선을 하면 하루 종일 쌓인 피로는 다음 날 아침까지 다 풀리고 몸이 가벼워집니다. 반대로 피로해서 그냥 잠자리에 들면 피로가 그대로 남아있는 경우가 있습니다.

신이 우주를 비롯한 만생만물을 창조한 이유는
무엇이며, 또 인류의 고민과 괴로움은 왜 생겼을까?

　이 세상은 왜 생겼는가. 그것은 신의 뜻이 구체화되기 위해서입니다. 만생만물은 그 때문에 태어나 상호 의존하면서 이 세상을 지탱하고 있습니다. 호랑이도 늑대도 토끼도 버드나무도 그리고 물고기나 미생물에 이르기까지 이 세상을 영원히 생명 있는 장소場所로 형성하기 위해서 존재하는 것입니다.

　인간이 이 지상에 나타나 생활을 영위할 수 있게 된 것도 하나님의 뜻을 구체화하여 조화로운 낙원 유토피아를 건설하기 위해서입니다.

　인류의 고민과 슬픔은 왜 생겨났을까요? 인간에게는 동물이나 식물과는 달리 창조하는 능력이 있기 때문에 괴로움과 슬픔이 생겨나는 것입니다. 괴로움의 원인은 육근이란 번뇌, 즉 보고 듣고 말하는 가운데 마음속에 아집이 생겨나 자기중심이 되어 나만 좋으면 그만이라는 생각과 집착심이 괴로움을 만들고 있는 것입니다.

　인간이 창조하는 능력을 박탈당하면 이러한 아집도 욕

심도 생겨나지 않을 것이고 다른 동물이나 식물과도 별로 다르지 않을 것입니다. 본능과 감정만으로 세상을 살아간다면 문명도 문화도 창조할 수 없을 것이고 반대로 괴로움도 없어지고 기쁨도 느낄 수 없게 될 것입니다.

괴로움과 슬픔을 하나님의 탓으로 돌리는 것은 인간의 응석이며 아집의 결과입니다. 자신을 반성하고 살아갈 수 있게 된 현실을 이해한다면 적어도 자신의 불평불만에서 오는 괴로움은 해소할 수 있을 것입니다. 불평불만이나 고민은 자신이 온갖 욕심을 가지고 있고 사물을 상대적으로 보고 상대적 입장에서 판단하고 행동하기 때문입니다.

인류를 운운하기 전에 우선 자신의 마음부터 바로잡아 가는 것이 근본입니다. 각양각색의 인간의 행동을 보고 있으니 자기가 아무리 올바르게 살아가도 남이 바르게 살아주지 않으면 아무 소용이 없다고 생각하는 사람이 있는데 남은 남이고, 자신은 자신입니다.

남이 올바르게 되기를 바라고 있는 한 결코 자신도 정도 正道도 미숙한 단계에서 벗어날 수 없습니다. 인류 한 사람 한 사람이 남을 보고 남을 탓하고 있는 한 언제까지도 고민은 해소되지 않을 것입니다.

우주는 자신의 마음속에 있습니다. 삼라만상은 내 안에 있습니다. 괴로움과 슬픔은 남이 아니라 바로 자기 자신입니다. 이 점을 확실하게 명심하시기 바랍니다.

　인간은 신과 마찬가지로 사물을 만들어낼 창조 능력이 있고 그 능력 때문에 괴로움과 슬픔을 지어내고 있는 것입니다. 본래의 자신으로 돌아가면 자박하는 마음에서 해방되어 그야말로 자유 천지가 전개됩니다.

　남의 탓으로 돌리지 말고 내 탓으로 돌려서 자신의 마음을 올바르게 고쳐가도록 해야 합니다.

삶이란
무엇인가?

역학, 역술, 성명학(점) 등은 정도正道와의 관계는
어떠한가?

　역학, 역술, 성명학(점)과 정도正道는 아무런 관계가 없습
니다. 역학, 역술이나 성명학(점)은 어떻게 생겨났습니까?
사람은 저마다 운과 불운이 있고 내일 일어날 일조차 모르
는 존재이기 때문에 역학, 역술이나 성명학(점)으로 개운開
運을 꾀하고 탈 없는 인생을 보내고 싶은 마음은 어쩔 수
없는 일입니다.

　하지만 역학, 역술이나 성명학(점)은 원래 과거의 통계를
기초로 하여 만들어진 것으로 역술가나 손님의 조건에 따
라 운세 판단의 결과는 달리 나옵니다. 그 때문에 평균적
으로 70% 정도가 맞습니다. 더욱이 경우에 따라서는 못
맞춘 적이 없다고 자신만만한 술사도 있지만, 맞다 안 맞
다 라고 말하는 자체가 역술과 점의 한계를 엿보게 하는
동시에 금생만을 대상으로 운세판단을 하고 있다는 것을
의미합니다.

　사람의 금생이 있는 것은 전생이 있었기 때문이며, 전생
윤회轉生輪廻의 역사가 있는 것입니다. 따라서 그 긴 역사

를 모르고 금생의 운과 불운만을 보고 판단하겠다는 것 자체가 모순입니다.

사람의 일생이 이러한 점괘나 생년월일, 성명 판단 등에 의해서 결정되고 혹은 바뀐다고 한다면 도대체 인간은 무엇 때문에 태어났는지 판단하기가 어려워집니다.

더욱이 점을 치는 목적이 인간의 행복을 추구하는 것은 괜찮다고 하더라도 불행을 피하고 안락만을 추구한다면 문제는 매우 심각해집니다.

인간이 이 세상에 태어난 목적은 자신의 영혼을 수행하는 것입니다. 자신의 영혼을 연마하고 슬픔과 즐거움의 집착에서 벗어나 평화를 누리는 인간의 본성을 자각하여 지상에 낙원 유토피아를 건설하겠다는 것입니다.

'진짜 나'의 인간을 믿는다면 역술이나 점 등을 찾아 헤매지는 않을 것입니다. 왜냐하면 인간 본래의 모습은 역술이나 점을 초월하는 존재이기 때문입니다.

이번 달의 길 방위는 서남쪽이고, 동쪽은 귀문에 해당한다, 올해는 액년이니 자중하여 움직이지 않겠다, 점성占星으로 본 생년월일은 청신호이니 하고 싶은 대로 움직이겠다는 식으로 사람의 활동이 제한을 받는다면 점은 자기 보존을 만들어 사람의 마음속에 더 큰 집착심을 키워갈 것입니다.

사람의 일생은 평탄한 것이 아닙니다. 산이 있고 물이 있고 될 수 있으면 난관을 피하고 싶을 것입니다. 스스로 난관을 원하는 사람은 없을 것입니다. 그러나 그렇다고 해서 개운開運에 집착하면 이번에는 부자유의 인간이 형성되고 맙니다. 그러면 안 돼, 그러면 못써 등으로 어느새 개운을 위한 점이 불행을 초래하는 원인을 만들어가는 것입니다.

　인생의 목적이 영혼의 수행에 있다면 사주나 점술로서 비록 안 좋은 결과가 나왔다 해도 필요하다면 정면 대결도 불가피한 것입니다. 그것을 두려워하면 아무 일도 못하게 될 것이고 사실 자신을 알기 위해서는 행운일 때보다 불행일 때가 더 좋은 기회가 되는 것입니다.

　올바른 생활에는 기적이 따라 다니게 마련입니다. 그러나 이해하기 쉽게 기적이라고 말하지만 모든 것은 필연적입니다. 그러므로 정도正道를 믿고 반성하는 생활을 정진하면 신은 결코 버리지 않을 것입니다. 불운을 유유히 극복할 수 있게 해줄 것입니다. 여러분 모두 용기 있는 사람이 되시길 바랍니다.

가상家相이라는 것이 과연 있는가. 정도正道에서는 보는
귀문鬼門은 무엇인가?

  가상이라는 것은 있습니다. 거기 거주하는 사람의 마음
에 따라 집안의 분위기가 전혀 달라지지 않습니까? 가족
들의 마음이 어둡고 침울하면 집안도 어두워질 것이고 명
랑하면 집안도 밝아집니다. 즉 가상이 나타나는 것입니다.
  흔히 말하는 집 자체의 가상이라는 것은 없습니다. 대지
의 입지 조건이나 거주인의 마음씨에 따라 가옥의 형태도
달라지지만 그로 인해 그 집의 운과 불운이 어떻게 결정될
수 있겠습니까?
  부엌이나 화장실은 북쪽이 좋다는 것도, 남쪽이면 여름
철엔 물건이 썩을 것이고 악취를 풍길 것이기 때문입니다.
그러나 오늘날에는 냉장고가 있고, 화장실도 수세식이기
때문에 그런 걱정은 필요 없게 되었으며 입지 조건에 따라
서는 남쪽에 위치하는 경우도 많을 것입니다.
  현관은 동쪽이나 남쪽이 좋다는 것도 동쪽은 아침 해가
들고 남쪽은 종일 햇빛이 들어 집안을 밝게 해주기 때문입
니다. 하지만 대지나 도로 사정으로 그렇게 할 수 없을 경

우도 있게 되는 것입니다.

특히 가게일 경우에는 어떻습니까? 북쪽이 흉하다고 고집부릴 수는 없을 것입니다. 그리고 북쪽에 있는 가게도 번창하고 있는 경우가 얼마든지 있습니다. 이렇게 보면 가상이란 집 자체보다는 거주인의 마음 상태에 따라 달라지는 것입니다.

재앙도 그곳에 사는 사람들의 마음 상태가 문제되는 것입니다. 귀문이라든가 이귀문이라고 하는 것은 대개 그 땅에 집착한 지박령地縛靈의 재앙이니 부조화한 마음으로 생활하면 당연히 그 지박령이 활개 칠 것입니다.

이러한 가상이 걱정될 경우에는 지박령에게 정도正道를 잘 설명하여 저 세상의 거주지로 올라가게 한 다음 집을 짓거나 증축하면 좋을 것입니다. 그런 절차도 없이 느닷없이 귀문 방위에 집을 짓기 때문에 불운이나 재앙이 일어나게 되는 것입니다.

그런데 지박령이 있는 땅과 없는 땅이 있습니다. 이 때문에 귀문의 방위에 집을 지어도 아무런 탈이 없는 경우도 있는 것입니다. 하지만 보통 사람으로서는 그런 판단을 할 수 없기 때문에 불안한 경우에는 앞서 말한 바와 같이 정도正道를 잘 설명하여 지박령을 천도한 연후에 어느 정도 시일을 두고 집을 지으면 좋을 것 같습니다.

가상은 거주인의 마음의 조화도가 제일 중요합니다. 이 것을 빼고는 가상을 말할 수가 없습니다. 또 가상이 마음 에 걸리면 불안 심리가 쌓여 그 공포심이 불운을 초래하게 되므로 용기를 가지고 생활할 필요가 있습니다.

최면술이란 과연 무엇인가?

최면술이란 의식을 잠재우고 암시력을 사용하여 어떤 목적을 달성하는 기술을 말합니다. 달리 표현하면 마음을 한 곳에 집중시켜 깨어있는 의식 활동을 상실하도록 만드는 것입니다.

최면술을 의학의 한 분야에서 활용하고 있는 것 같은데 그 역사를 살펴보면 매우 오래되었습니다. 최면술은 요가에서 유래된 것 같으며 요가는 거친 자연환경을 견디려면 어떻게 하는 것이 좋을까, 또 사람과 사람 사이의 관계에 있어서 어떻게 하면 다른 사람보다 우위에 있는 자신을 만들 수 있을까 하는데서 발생한 것 같습니다.

요가는 육체의 단련을 통해서 연약한 자신을 강인한 자신으로 만들기 위한 것입니다. 하지만 육체고행에는 자연히 한계가 있게 마련이고 강인한 자신을 만든다는 것은 욕심을 지닌 자아로 발전할 위험성을 내포하고 있는 것입니다. 육체의 소유자는 마음인데 마음의 단련(수련)은 우선 마음을 개조하지 않는 한 불가능한 일입니다.

석가모니 부처님 시대에도 요가의 수행법은 많이 있었

습니다. 그러나 석가모니 부처님은 육체고행의 잘못을 깨닫고 중도(여덟 가지의 바른길)의 척도로써 자신의 마음을 수정해갔던 것입니다. 그렇게 해서 비로소 우주가 곧 자기라는 우주즉나宇宙卽我의 깨달음을 얻었던 것입니다.

최면술사의 과거세를 보면 대부분이 육체고행을 했습니다. 대부분의 영매靈媒들이 과거세에 육체적 수행을 열중했다는 사실과 닮았습니다.

최면술이란 서두에서 말한 바와 같이 의식을 잠재우는 것, 그것을 암시한 힘, 염력으로 합니다. 이를테면 지금까지 우측을 달리고 있는 사람을 갑자기 염력으로 좌측을 달리게 하는 이치와 같습니다. 사물에는 예외 없이 등속도운동等速度運動이 작용하고 있습니다. 그것은 관성의 법칙과 같아서 달리는 물체를 갑자기 정지시키면 넘어지게 됩니다. 그러므로 최면술의 결과가 어떻다는 것은 어느 정도 이해하실 수 있을 것입니다.

최면술 덕분에 소심한 마음이 넓어졌다든지, 말을 더듬는 것이 나았다든지, 노이로제가 해소되었다는 식으로 말하는 사람들이 있지만, 그들 대부분이 일시적으로 좋아진 것입니다. 시간이 지나면 노이로제가 더욱 악화됩니다. 마음의 구름(아욕)을 벗기지 않고 그것을 염력으로 입력시켜 버리면 반작용이 일어나 오히려 질병을 악화시킵니다.

영적인 눈으로 보면 그 사람의 마음을 영계靈界 거주자가 점령하고 있습니다. 최면상태가 빈번하게 되풀이되면 영계 거주자가 그 사람의 의식 속에 더욱더 들락거리기가 쉬워집니다. 그래서 이중인격자가 됩니다. 즉 성격의 변동이 심해집니다.

텔레비전 프로그램에서 최면술의 놀라운 실험을 이따금 보여주고 있는데 최면술사의 등 뒤에는 선인계(仙人界=靈界의 5차원 단계)의 행자가 조종하고 있는 것이 보입니다.

염력은 인간에게 부여된 능력이긴 하지만 올바르게 쓰지 않으면 대단히 위험합니다. 올바르게 쓰기 위해서는 바르게 보고, 바르게 생각하고, 바르게 말하기 등의 여덟 가지의 올바른 길을 실천하는 일상생활이 반드시 필요합니다.

소심한 마음을 고치는 길은 최면술이 아니라 마음의 구름을 벗기는 일입니다. 인간은 누구나 우주처럼 둥글고 큰 마음을 그 뿌리에 지닌 존재이므로 서두르지 말고 부지런히 중도라는 올바른 척도를 기준으로 삼고 정진하는 것이 중요합니다.

기억 상실이란 왜 일어나는 현상인가?

기억 상실에는 두 가지 유형이 있습니다. 한 가지는 지금 당신이 말씀하신 대로 갑작스러운 큰 충격, 그것도 육체적인 충격으로 기억을 상실합니다. 이 경우는 대뇌의 기억국소라고 불리는 부분이 외적 충격으로 기능이 정지됩니다. 그러면 기억만이 작용하지 않기 때문에 자기의 이름과 주소도, 주변 사람의 이름마저 잊어버리고 마치 낯선 별천지에 온 것처럼 됩니다.

〈마음의 여로〉라는 영화에 등장하는 주인공도 외적 충격에 대한 대뇌의 기억국소의 기능이 정지되었습니다. 강력한 폭탄 충격으로 기억을 상실하고 긴 시간을 자기 이름이나 과거도 기억할 수 없었습니다. 그러나 기억은 상실해도 그의 인간됨은 변함없습니다.

만일 여기서 기억 상실로 인격까지 변하고 성질까지 변한다면 문제는 달라지겠지만 인품은 그전과 다름이 없었습니다. 여인의 헌신적인 노력으로 마지막에는 기억을 회복하게 되었습니다.

두 번째 유형은 영적 원인에 의한 기억 상실입니다. 이 경우는 외적 충격은 전혀 없습니다. 일종의 간질병 증상으로 폐인처럼 아무 것도 모르게 됩니다.

이 경우에는 유체 이탈하여 저 세상을 헤매며 어둡고 외로운 길을 걸어가면서 왜 자기가 여기에 와 있는지 의문을 갖습니다. 그러다가 밝은 빛이 보여 급히 달려가면 어느새 자신의 육체로 돌아와 자기를 자각하게 되는 것입니다.

이런 유체 이탈의 경우는 대개 남성보다는 여성 쪽이 더 많은 편입니다. 남성은 이론적理論的, 능동적인데 비해서 여성은 직관적, 암시적, 수동적인 기질을 가지고 있기 때문입니다.

올바른 작명법은 무엇인가?

　성명 감정, 도장, 자상字相 등 길흉 감정이라는 것은 그 나름대로의 통계적 자료를 기초로 하여 성립되어 있습니다. 그런 만큼 어느 정도의 진실을 나타내고 있을 것입니다.

　그렇지만 열 명이면 열 명이 모두 감정한대로 운세가 진행되는 것이 아닙니다. 사람의 운과 불운은 그 사람의 마음 상태와 의지와 노력과 환경 조건 등이 종합적으로 작용한 결과로 나타나는 것입니다.

　각자의 마음 상태가 원인이 되므로 성명 감정 결과 운이 좋게 나왔다 해도 고생의 연속일 수도 있고, 반대로 흉괘가 나와도 순탄한 인생을 보내는 사람도 있습니다.

　어느 역술 협회의 회장직까지 맡았던 사람이 말년에 불운하여 세 자녀로부터 버림을 받아 생활보호대상자가 되었습니다. 그 사람의 중년까지의 운세는 날아가는 새도 떨어뜨릴 기세였지만 일흔이 넘자 갑자기 허리와 다리에 힘이 빠지고 역술도 전혀 듣지 않게 되었습니다. 그 원인을 조사해보니 그의 생활태도에 문제가 있었습니다.

　운세가 좋을 때에는 세 명의 첩을 거느리며 가정을 돌보지 않았을 뿐만 아니라 기고만장하여 무엇이든지 자신의 역술에만 의존했던 것입니다. 역술의 적중률이 좋을 때는 괜찮았지만 점점 적중률이 떨어지자 손님은 줄어들고 자신감도 없어졌습니다. 그 후 그는 정도正道에 눈을 떠 역술로서는 자기를 구제할 수 없다는 것을 깨닫게 되었습니다.

성명 감정도 그렇습니다. 통계적으로 문자 획수로써 길과 흉을 판단하고 있지만 그것만으로 인생의 길흉을 점칠 수는 없습니다.

자획이 나쁘면 그 자획의 영靈이 작용하여 아무리 좋은 운명도 악화된다는 것이 성명 감정법을 믿는 사람들의 의견입니다.

도대체 운명이란 무엇이며 행복은 또 무엇일까요? 피상적으로만 판단할 일이 아니라 좀 더 깊이 생각해보아야 할 것 같습니다.

물론 성명이었든 도장이었든 영靈이 작용하는 것은 사실이지만, 그 영의 작용 여부는 당사자의 마음이 정합니다. 가령 비싼 돈을 들여 좋은 도장을 만들었다고 한다면 그 도장을 소중하게 다룰 것입니다.

그러나 막도장은 분실해도 금방 다시 만들 수 있다고 생각하여 소홀히 할 것입니다. 하지만 값이 싸고 비싼 것을 떠나서 도장이라는 것은 그 사람의 의사의 표시이고 분신이라고 한다면, 소홀히 하면 소홀한 결과가 나타날 것이고 소중히 다루면 그 도장도 주인을 소중히 여길 것입니다. 즉 함부로 보증인 란에 도장을 찍는 일은 없어질 것입니다.

성명에 있어서도 마찬가지입니다. 본인이 자신의 이름을 소중히 다루고 정도正道를 아는 생활을 한다면 성명 감정의 길흉과는 상관없이 흉이 길로 전환할 것입니다. 이 세상의 길흉은 종이 한 장 차이입니다. 정점은 바로 하락의 지점이기도 합니다.

난무하는 풍설과 사상에 흔들리지 않고 아이의 행복을 바라는 글자라면 그대로 좋은 것이라 생각합니다. 적당하게 이름을 지으면 아이도 그 이름을 소홀히 취급하게 될 것입니다. 이 부분이 아주 중요하다고 생각합니다.

가족 중에 누군가가 질병에 걸리면 남은 가족들은
신에게 병을 고쳐달라고 매달린다. 이 마음은
집착인가 자비의 마음인가?

　그것은 자비의 마음입니다. 남아 있는 가족의 미래를 생
각해서 지금 죽을 수 없다는 생각으로 신에게 하루빨리 병
을 낫게 해달라고 비는 마음은 집착이 아닙니다.
　그러나 염원하는 사람의 입장이 다를 경우가 있습니다.
가령 돈을 빌려간 사람이 병에 걸려서 죽게 되었을 때, 그
가 죽으면 돈을 돌려받을 수 없기 때문에 신에게 그 병을
고쳐달라고 기도하는 경우가 그렇습니다. 그것은 자비의
마음에서 우러나온 것이 아니라 집착에서 비롯된 기도입
니다. 이와 같이 염원하는 사람의 마음 상태에 따라서 자
비가 되기도 하고 집착이 되기도 합니다.
　염력에 대해 생각해보기로 합시다. 염력에는 세 가지의
성질이 있습니다.
　첫 번째는 에너지이고, 두 번째는 염원, 세 번째는 순환
입니다. 에너지로서의 염은 흔히 염력이라고 하듯 염念은
힘이고 힘은 에너지가 집중된 것입니다.

인간의 정신은 에너지의 응집으로 되어 있으며, 무엇을 생각하거나 염원하는 정신활동은 그 에너지가 방출되는 상태를 말하는 것입니다. 따라서 무엇을 생각하거나 걱정하는 정신활동은 내장된 에너지가 소모되는 것이므로 피로를 느끼게 됩니다.

그런데 에너지 그 자체는 모터를 움직이는 전기와 마찬가지로 선악과는 관계가 없습니다. 문제는 염으로서 에너지가 방출될 때에는 염원과 바람이라는 의식 활동이 수반되는 것입니다. 그 의식 활동이 욕심을 주체로 삼고 있는가, 아니면 욕심을 떠난 자비와 사랑에서 나온 것인가에 따라서 그 염파는 당사자와 상대방에게 여러 가지 현실적 상황을 낳게 되는 것입니다.

그것은 염의 한 가지 성질인 순환의 작용을 말합니다. 염은 파동이고 파동은 메아리처럼 반드시 발신자에게 다시 돌아옵니다. 악한 염원에는 악이, 선한 염원에게는 선이 되돌아오는 것입니다. 결국 염파는 저 세상(영계)에 즉각 전달되어 선한 염파는 천상의 천사에게로 이어지며, 나쁜 염파는 지옥으로 이어지게 됩니다. 따라서 자비와 사랑의 마음으로 병을 고쳐달라고 염원하면 그 염력은 저 세상의 천사에게 전달되어 은혜를 입고, 병이 나을 뿐만 아니라 자비로운 마음을 발신한 당사자에게도 빛이 돌아오는 것입니다.

집착은 무엇에 매달리는 것을 의미합니다. '이것은 내 것이다.' '내가 그 일을 해냈으니 보상을 받는 것은 당연하다.' '나는 저 사람보다 뛰어나다.' '벌써 죽을 수는 없다.' 는 집착을 가지면 상념은 탁하고 무겁고 침체됩니다.

보통 인간의 의식 활동은 염과 집착이 섞여 있습니다. 비교적으로 욕망이 강한 사람이 성공하기 때문에 악한 사람이 번창하고 선한 사람이 손해를 보는 경우가 많습니다. 그러나 성공한 사람이 행복하고 안정된 생활을 하고 있다고 단정 지을 수는 없습니다. 재산을 많이 가지고 있는 사람은 불안과 불신을 함께 안고 살아갑니다. 자신의 돈을 관리하면서 염과 집착이 작용하여 더 많은 집착을 만들어 내기 때문입니다.

올바른 염正念이란 중도라는 자비와 사랑을 목적으로 한 것입니다.

그것이 인간 본래의 모습이기 때문입니다.

전생윤회를 믿는 사람과 그렇지 않은 사람이 조화를
유지하면서 생활할 수 있는 방법은 무엇인가?

적어도 여러분 가운데는 이분과 같은 처지에 있는 분이
많을 것이며, 비슷한 고민을 하고 있는 분도 있을 것입니
다. 가정이나 직장에서 도대체 어떻게 하면 조화롭게 일상
생활을 할 수 있을까요? 그 방법은 먼저 자신의 마음을 항
상 정도正道에 조화시키는 것입니다. 그것은 주변 환경에
흔들리지 않는 자신을 유지한다는 것입니다.

조화를 깨트리는 원인은 사물을 올바르게 보지 않는 것
이고, 올바르게 생각하며, 올바르게 말하지 않는 것에서
비롯됩니다. 올바르게 사물을 보게 되면 상대를 용서하는
기분도 들고 화나 불평불만도 일어나지 않을 것이며, 자기
가 한 말에 사로잡혀 언제까지나 맴돌 필요도 없을 것입니
다.

불안이나 초조, 후회나 주저 등에 사로잡혀 용서하는 마
음이 일어나지 않는 것은 집착심이 강한 나머지 사물이나
환경이 내 뜻대로 움직여주지 않기 때문입니다.

마음을 조화시키기 위해서는 우선 마음의 불안이 어디

서 오는가를 반성하고 사물의 시비를 올바르게 판단하도
록 노력해야 합니다. 즉 자기의 마음을 흔드는 원인이 무
엇이며, 왜 자주 흥분하는지를 알아야 합니다. 그러면 그
원인의 대부분은 자기중심의 이기심이 몰고 오는 불안과
초조, 화에 있다는 것을 알게 될 것입니다.

　이 세상은 혼자서는 살아갈 수 없습니다. 상대가 있기
때문에 내가 있는 것입니다. 이 이치를 알면 자기의 형편
만을 내세우는 어리석은 행동은 점차적으로 줄어들 것입
니다. 나아가 반성의 정도가 깊어지면 현세의 공성空性이
이해되고 사물에 집착하는 자신의 어리석음을 보게 될 것
입니다.

　제행무상諸行無常의 실상을 이해하게 되는 것입니다. 무
상이 이해되지 않기 때문에 온갖 혼란이 일어나는 것입니
다. 그것이 이해되고 마음의 실상을 이해하게 되면 차별의
식이 차츰 없어져 인간 평등의식이 강해집니다.

　그리고 더욱 체험적 사려가 깊어지면 사랑의 마음이 눈
떠 다른 사람의 어긋난 말과 행동을 간섭하거나 화를 내고
미워하면서 스스로의 마음을 더럽히는 일은 없어질 것입
니다.

　이 세상은 온갖 영혼을 지닌 사람들이 함께 사는 세상입
니다. 따라서 정도正道에서 벗어나는 행동이라면 서로 불

협화음을 만들 수 있습니다. 서로 타협을 하는 동안에도 마음에 독을 품으면 안 됩니다.

반성이 깊어질수록 타협에 의해서 독을 품게 되는 경우는 없어집니다. 그렇게 되면 당신의 주변은 한층 더 밝아지고 당신의 의견에 귀를 기울이게 될 것입니다.

무슨 일이든지 단계가 있습니다. 갑자기 높은 단계로 뛰어오르는 경우는 없습니다. 이 점을 잘 생각하여 자기 형편이나 욕심으로 밀어붙일 생각을 버리고 착실하게 실천해나가시기 바랍니다.

번뇌 즉 보리는 도대체 무엇을 말하는 것인가?

　이 말은 이 세상에 태어나서 생활하고 있는 인간들에게 해당되는 말입니다. 이 세상은 표면의식이 10%, 잠재의식이 90%로 되어 있으며 오관五官에 의존한 생활을 강요당하고 있습니다.

　일상생활의 대부분이 표면의식의 작용으로 이루어지고 있기 때문에 오관에 의존할 수밖에 없으며, 그런 연유로 당연히 자기중심적인 생각이 지배적으로 작용하게 됩니다.

　팔을 꼬집히면 아프고 모기에 물리면 가렵고, 자기보다 친구의 성적이 더 좋으면 기분이 나빠지고 질투가 생기는 것은 당연합니다. 이처럼 능력과 체력의 차이를 느끼고 아픔과 괴로움과 기쁨 등을 느끼면서 친구와 형제, 자매 사이에 견해의 차이가 있다는 것도 알게 됩니다. 그 감각은 자아自我를 기르는 온상溫床으로 바뀝니다.

　번뇌의 온상이라는 것은 자아가 눈뜨는 것을 말하며, 자신도 모르는 사이에 대립적인 감정이 생겨 어느새 자신의 마음속에 집을 짓게 되는 것입니다. 한편 인간은 10%의 표면의식으로 생활하고 있으므로 자신이 태어나서 현재까지의 과거는 인식할 수 있어도, 내일 닥쳐올 운명은 알 수 없습니다. 그렇기 때문에 사람은 성장할수록 자기중심적이 되며 번뇌의 불꽃은 점점 더 타오르게 됩니다.

번뇌를 경험함으로써 보리의 깨달음을 얻을 수 있습니다. 그래서 인생에 있어서 번뇌는 당연한 것이라고 여기고 번뇌에 몸을 맡기는 사람을 하근下根의 사람이라고 말합니다. 번뇌는 악이라는 것을 알면서도 현실의 환경에 때로는 지고, 때로는 이기곤 하는 사람을 중근中根의 사람이라고 합니다. 번뇌를 보리로 승화시키는 사람을 상근上根의 사람이라고 합니다. 상근의 사람은 번뇌를 악이라고 인식하고 그 번뇌를 선으로 바꾸어 악을 이겨나갑니다.

'번뇌 즉 보리'를 다른 말로 옮기면 '선과 악'이 됩니다. 선악의 구별은 우리의 상념과 행위가 대우주를 살리는 '자비와 사랑'에 부합되어 있는지 그렇지 않는지에 달려 있습니다.

한편 이 세상에 악이 없고 선만이 있다면 어떻게 되겠습니까? 악의 마음도 모르고 선의 기쁨도 맛보지 못할 것입니다. 반대로 악만 존재하고 선이 없다면 인간은 살면서 갖가지 실망을 느낄 것입니다. 악이 있고 선에 희망을 가질 수 있음으로써 인간은 이 세상에서 살아갈 수 있는 것이라고 생각됩니다. 그리고 악이 있으므로 선의 마음, 선의 의식의 고저高低도 알 수 있게 되는 것입니다.

인간의 마음을 일념삼천一念三千이라고 비유합니다. 이를 대별하면 명明과 암暗, 선과 악이라는 두 개의 층層으로 분류할 수 있으며, 이 두 층을 통해서 선의 마음이 보다 크고, 보다 차원이 높은 선으로 상승할 수 있는 발판이 되고 있는 것입니다.

번뇌와 보리의 모습은 인간의 마음을 이분二分(이분법)한 명과 암의 세계를 가리키고 있으며, 그 의미하는 바는 어두운 마음을 발판으로 삼고 보다 크고, 높은 밝은 마음을 열어 가는데 있습니다. 밝은 마음을 열어감으로써 인간의 영혼은 자비와 사랑으로 큰 변화를 이루게 됩니다.

즉 악을 용서하고 선을 늘인 '절대의 선'으로 승화시키는 것입니다. 그러기 위해서는 우선 자신의 마음을 올바르게 살펴볼 줄 알아야 합니다. 올바르게 살펴보면 오관에 의존하고 있는 생활과 10% 표면의식, 상념행위의 악의 부분이 드러납니다. 드러난 악의 싹을 따버리고 선인 밝은 마음으로 바꾸어가는 것이야말로 번뇌 즉 보리의 실상입니다.

죽음이란
무엇인가?

저 세상은 어디에 있는가?

저 세상은 차원이 다른 세계를 말하며, 물리적으로 정확한 위치를 말할 수 있는 것이 아닙니다. 저 세상은 각자의 마음 깊숙한 곳에 있으며 또한 대우주 속에도 있습니다. 그러나 이렇게 설명해도 실감하기 힘들 것입니다. 삼차원적으로 좀 더 설명해보겠습니다.

저 세상은 사람마다 의식의 크고 작음에 따라 사는 거주지가 달라집니다. 의식의 크고 작음은 광자량의 차이를 말하며, 그것은 크게 나눠 생전에 자기 위주로 살았는지, 남을 위해 봉사하며 살았는지에 따라 달라집니다.

자기 위주로 살았던 사람은 죽은 후에 이 지구상의 지표, 혹은 그 근처에서 생활합니다. 자기 본위의 마음은 이 세상에 강한 집착을 가지고 있기 때문에 이 세상에서 떠나기가 매우 힘들기 때문입니다.

반대로 집착심이 적고 남들과 조화를 잘 이룬 사람들은 이 세상에서 멀리 떨어진 높은 차원에서 생활하면서 사랑과 조화로 충만한 자유스러운 나날을 즐기고 있습니다.

즉 저 세상은 삼차원적으로 설명하면 지구 표면에서 우주대로 확대된 대우주의 공간 속에 있으며 지표에 가까울

수록 괴로움이 많다고 할 수 있습니다.

사물을 볼 때 근시안적으로 눈앞의 일에만 신경을 쓰고 있으면 올바른 객관적인 판단이 불가능해집니다. 그러나 넓고 높은 곳에서 시야를 넓혀 내려다보면 사물의 가치판단에 변화가 생겨서 지금까지 옳다고 생각했던 것이 잘못되었다는 사실을 알게 됩니다.

저 세상의 주거지도 이와 같습니다. 각자 사물을 보는 관점이 인류적 입장에 있는지, 개인의 이익에 집착하고 있는지에 따라 크게 달라집니다.

티베트의 어느 지역에 성령들이 사는 공동세계가 있어서 인류의 천사들에게 여러 지시를 내리고 있다는 말이 전해져 내려오지만 그 말은 사실이 아닙니다. 저 세상은 차원이 다른 의식세계를 가리키고 마음의 세계를 말하는 것이므로 삼차원의 물질계와 다르기 때문입니다.

물리적으로 저 세상의 위치를 이렇게 말해도 될 것 같습니다. 석가모니 부처님은 주로 인도에서 생활했으므로 부처님의 저 세상의 거주지는 인도의 상공이고, 예수님의 저 세상의 주거지는 이스라엘의 상공이라고 말입니다. 그렇다고 해서 인도와 이스라엘이 조화롭다고는 말할 수 없습니다.

마음만 먹으면 어디든지 통할 수 있다는 점을 생각하면

위치를 운운한다는 것 자체가 어리석다는 것을 알 수 있습니다. 이와 같이 저 세상은 파장이 섬세하고 정묘한 환경을 이루고 있으며 물리적으로는 지구표면에서 상공에 걸쳐 있다고 생각하면 좋을 것 같습니다.

저 세상은 어떤 모습인가?

　질문하는 사람의 기분은 잘 알지만 저 세상의 모습을 세밀하게 설명한다고 해도 이해하기 어려울 것입니다. 말하자면 이런 점은 어떠하며 저런 일은 어떻게 되어 있는가라고 차례차례로 의문이 꼬리를 물게 되어 중요한 현실을 소홀히 하게 되고 맙니다. 저 세상을 알기 위해서는 그만큼의 기근機根이 필요합니다.

　그리고 이것은 통상 불가능에 가까운 일일뿐만 아니라 기근의 문제가 크게 좌우하는 것인데, 가령 이쪽의 기근이 갖추어지지 않은 상태에서 저 세상의 모습을 어느 정도 알게 되면 현실의 노력에 가감이 생겨 이 세상의 목적을 잃게 되는 결과를 초래합니다.

　사람들은 내일의 운명을 모르기 때문에 노력하게 되며 때로는 길을 잘못 들 때도 있고, 자신을 시험해 보는 기력과 용기도 솟아나는 것입니다. 며칠 몇 시에 당신은 암으로 죽게 된다고 선고를 받으면 정도正道를 모르는 사람은 암에 대한 공포에 사로잡혀 앞날의 희망을 상실하고 자살하는 경우도 있습니다. 그만큼 기근이 그 사람의 운명을 좌우하게 되며 사람에 따라서는 모르고 지내는 편이 얼마나 득이 되는지 모릅니다.

지금 당신은 텔레비전을 보듯 정경을 설명해 달라고 하였지만 텔레비전 화상의 범위라는 것은 극히 작은 것입니다. 그것도 방영하는 방송국에서는 각자의 목적에 맞추어서 화면을 편집하여 방영하기 때문에 그 화면도, 설명도 극히 일부분에 지나지 않는 것이 되고 맙니다.

따라서 거듭 말씀드리지만 화면의 설명을 듣고 나면 그 다음에는 화면 밖의 보이지 않는 부분까지 설명을 듣고 싶어 하는 것입니다. 육체를 지니면 한치 앞이 보이지 않게 되기 때문에 사람에 따라서는 게으르고 방자해집니다. 무슨 일을 시작하기 전에 우선 그 결과만을 알고 싶어 한다든지, "이것만 알려 주면 믿겠습니다."라고 말하지만, 이런 사람에겐 아무리 말해도 믿음이나 평안은 기대할 수가 없습니다. 지식으로 어느 정도 알고 이해하였으면 그 다음은 실천하는 수밖에 없습니다.

결국 저 세상의 실상을 알고 싶으면 우선 현실의 생활을 바르게 하고 생활을 자기 것으로 만들었을 때 당신의 마음의 상태에 상응해서 저 세상이 비추어 옵니다.

결과만을 좇아 선취先取한다는 것은 도리에 어긋나는 것이 아닐까요. 마음의 움직임과 자신의 행동을 객관적으로 조용히 살필 수 있게 되면 그것만으로도 저 세상의 모습을 스스로 이해할 수 있게 됩니다.

삼차원(이세상)과 사차원(저세상)의 세계는 연속체連續體이며, 두 세계가 결코 별개로 성립되어 있지 않다는 점을 생각하면 저 세상은 보지 않고도 이해가 되는 것입니다.

이론물리학理論物理學에서는 이 세상을 삼차원이라고 하고 저 세상을 사차원이라고 표현한다. 또 우리들이 생활하는 삼차원 공간은 시간이 융합하고 있는 사차원의 시공세계時空世界이고, 삼차원 공간은 절대로 시간과 분리될 수 없다고 한다. 그렇다면 영혼은 광속도光速度로 운동하고, 시공時空은 지양止揚되어 무한차원無限次元의 영원한 세계가 될 것이다. 이를 어떻게 설명할 수 있는가?

아인슈타인의 특수상대성이론에 의해서 시간이 없는 삼차원 공간은 생각할 수 없게 되었고, 삼차원은 시간이란 사차원의 융합에 의해서 비로소 물리적운동의 장場으로 파악되고 있습니다.

이론물리학을 전공하였기 때문에 잘 알고 있겠지만 당신은 '시간'을 눈에 보이고 손으로 만질 수 있는 것이라고 생각하고 있습니까? 아마 그렇게 생각하지 않을 것입니다. 그렇다면 이럴 경우 '시간'을 소위 물리적인 새로운 차원이라고 생각한다는 것은 문제가 있지 않습니까?

시간은 이 삼차원 공간을 설명하는데 필요한 인간의 지

혜로 만들어진 잣대, 재료로 쓰이고 있는데 불과한 것입니다.

아인슈타인의 차원의 개념은 모든 것은 연속적으로 이어져 있다는 의미에서 연속체連續體로 파악하고 있습니다. 가령 어떤 임의의 점과 점을 잇는 거리는 아무리 작아도 일차원의 공간 연속체이고, 이차원은 가로 세로의 공간 연속체이고, 비행기의 조종사는 입체적인 삼차원 공간 연속체로서 파악될 수 있습니다.

이 세상의 우리들의 생활은 삼차원의 입체 공간 연속체이지만 당신이 지적한 대로 시간이란 또 하나의 차원이 추가되지 않으면 우리를 둘러싼 현실은 단순한 그늘影이 되며, 활동하고 살아있는 장場으로서는 설명하기 어려울 것입니다.

이런 논리에서 사차원이 이 세상이라는 주장이 나올 수 있습니다. 앞서 말한 바와 같이 '시간'은 눈에 보이지 않고 손에 잡히지 않는 것이기 때문에 이것을 이 세상의 개념에만 한정지어 생각한다는 것은 문제가 있다고 봅니다.

그러면 여기서 시간에 대해서 좀 더 깊이 생각해봅시다. 시간이란 어떤 운동 형태를 측면에서 파악한 척도이고 단위라고 생각할 수 있습니다. 하루는 24시간이라는 척도로써 지구의 운동이 측정됩니다. 마찬가지로 우리들의 생활도 이 척도에 의해서 측정됩니다. 따라서 이런 관점에서 시간은 이 지상에 있어서의 운동 상태를 의미합니다. 그러나 사물의 실태라는 것은 모두 운동을 수반하는 것이고 운동이 없는 물질현상은 있을 수 없습니다.

나아가 이 운동은 파동의 온갖 집합과 이산에 의해서 일어나고 있으며 파동은 진동에 의해서 영향을 받는 것이라고 볼 수 있습니다. 말하자면 모든 운동과 모든 물리현상은 에너지의 진동에 의해서 일어나고 있다고 볼 수 있습니다.

이런 의미에서 우리들이 쓰고 있는 시간은 말하자면 에너지의 진동을 측정하는 단위이고 척도입니다. 따라서 시간에 사로잡히면 사물의 본질을 놓칠 염려가 있습니다.

질문의 요지는 이 세상도 사차원의 시간, 공간의 세계인데 저 세상을 사차원이라고 하는 것은 잘못이 아닌가 하는 것이었습니다. 그러나 앞서 설명한 바와 같이 시간은 눈에 보이지 않고 만져볼 수 없는 것인데 그 이유는 척도로써 쓰기 위한 것이었지 결코 사물의 실태는 아니었기 때문입니다.

물리현상의 실태는 에너지의 진동이고 따라서 시간을 하나의 차원으로 추가한다는 것은 많은 문제가 있게 되며 이런 이유에서 사차원을 저 세상이라고 표현해도 별로 지장이 없다고 생각합니다.

저 세상은 이 세상의 시공을 초월한 세계이지만 저 세상에도 시공, 즉 시간과 공간이 있습니다. 대지가 있고 집이 있고 사람도 살고 있습니다. 그러나 이 세상의 시간과 공간과는 아주 많이 다릅니다. 생각하는 것이 민감하게 반영되는 진동수가 아주 섬세한 세계이고 당신도 그 세상을 들여다보면 그 실태를 이해할 수 있을 것입니다.

다음으로 빛의 속도는 현상적으로 생각할 수 있는 최대의 속도입니다. 물체가 광속도로 달릴 때 질량은 무한대가 될 것입니다. 즉 빛의 속도로 사물이 달리면 질량은 무한대가 되고 무한량의 에너지가 그 속에 보존되지 않으면 안 될 것입니다. 따라서 광속도라고 하는 것은 머릿속의 속도이지 실제로는 실현되지 않는 속도라고 하는 것입니다.

그러나 영혼의 세계에서는 그것이 실현됩니다. 광속도는 이 세상의 우리들이 생각할 수 있는 최고의 속도이지만 마음의 세계는 그 개념을 살리면서 자유자재로 날아다닐 수 있는 세계입니다.

당신은 이 세상의 척도로써 저 세상을 측정하려고 하고 있습니다. 물론 사차원이라든가 광속도와 같은 이 세상의 개념을 쓰고 있기 때문에 당신을 허둥대게 하는 원인을 제공하고 있다는 생각이 듭니다.

하지만 이 세상의 개념을 쓰지 않고서는 일반적으로 이해하기 힘든 면이 있고, 사실 그 개념을 전혀 무시한 저 세상은 실재로 존재하지 않습니다. 이 세상과 저 세상은 진술한 바와 같이 연속체이고 삼차원은 사차원 안에 포함되어 있는 것입니다. 따라서 이상과 같은 설명이 되는 것입니다.

또 현존하는 과학은 소위 물질과학이고 마음이라든가, 정신에 관한 과학은 아직도 미개척 분야라고 할 수 있습니다. 하지만 우리 인간은 마음(정신)과 육체(물질)를 동시에 가지고 생활하고 있으므로 물질법칙만으로 인간을 저울질하는 것은 무리이며 이론은 벽에 부딪치고 맙니다.

마음의 세계는 언제나 대우주처럼 넓고 크고 자유롭습니다. 생각하는 속도와 한 가지 생각의 속도는 빛의 속도보다 빠릅니다. 또한 광자체光子體(=저세상의 육체)도 그와 같이 이루어져 있습니다. 이런 점은 당신이 직접 마음의 세계를 체험해보면 쉽게 이해할 수 있을 것입니다.

가장 이상적인 죽음은 무엇인가?

인간의 죽음에서 가장 이상적인 죽음은 자연사입니다. 정명定命이 되어 잠들 듯이 숨을 거두는 모습은 제삼자가 보아도 기분이 좋은 것입니다. 사고사와 병사의 경우는 연령이 어릴수록 유족과 친지들의 마음을 안타깝고 슬프게 합니다. 자살을 제외한 사고사와 병사는 자신의 의사와는 관계가 없는 것처럼 보이지만 원인은 자신에게 있습니다.

예수님은 십자가에 못 박혀 돌아가셨습니다. 그렇게 위대한 빛의 대천사가 십자가의 형틀에 못 박혔다는 것은 보통 상식으로는 이해하기 힘듭니다. 그래서 후세 사람들은 예수님은 인류의 원죄를 짊어지고 십자가의 사람이 되었다고 말합니다. 이것도 한 가지 이유이긴 합니다.

그러나 2천 년 전의 예수님은 기질이 매우 격렬한 사람이었습니다. 더욱이 굉장한 영안靈眼을 가지고 있었기 때문에 사람을 보는 순간 그 사람의 마음을 꿰뚫어 보았습니다.

악한 마음을 가진 사람의 등 뒤에 마왕이 도사리고 있는 것이 보였기 때문에 예수님은 그 마왕을 보고 "당장 여기서 물러가라!"고 호통을 치고 질타했습니다. 당사자는 영문도 모르고 예수님이 자신을 보고 고함을 지른 것이라고 착각하여 예수님을 고약한 사람이라고 증오심을 품기도 합니다.

원래 자신의 마음이 마를 불러들이고 있기 때문에 당사자 자신이라고 해도 무방하겠지만 예수님의 입장에서는 마왕을 향해서 고함을 질렀던 것입니다. 이런 일이 자꾸 쌓여서 십자가와 같은 극적인 최후를 맞게 된 것입니다.

따라서 십자가의 원인은 마왕에 빙의된 사람들이 저지른 철없는 행위에 있었지만 깊이 있게 그 원인을 살펴보면 예수님의 격렬한 기질에 있었다고 볼 수 있습니다.

이렇게 보면 병사나 사고사의 원인은 본인에게 있습니다. 개인의 의사와는 관계없이 닥쳐오는 전쟁에 동원되어 죽음을 당하는 것도 마찬가지입니다. 전쟁터에서 함께 있었어도 어떤 사람은 살아남고 어떤 사람은 전사를 당합니다. 한 부대가 전멸되어도 기적적으로 살아남는 경우도 있습니다. 이것들도 각자의 상념과 행위에서 그 원인을 찾을 수 있습니다.

그런데 병사나 사고사와 전사의 경우 그 영들이 저 세상으로 올라가는지 그렇지 않는지의 문제에 있어서는 개별적인 차이가 있습니다. 같은 전사자라도 저 세상에 돌아가서 수행하는 편이 좋겠다고 일찍 죽는 쪽을 선택하는 경우는 저 세상으로 올라갑니다.

그러나 아직 이 세상에서의 수행이 많이 남아 있는데 그의 상념 행위가 스스로 죽음을 초래할 경우는 유계의 낮은 단계, 즉 지옥으로 떨어집니다. 중요한 것은 똑같은 전사라는 결과를 초래하는 원인을 만들고 있긴 하지만 각자 저 세상에서 생활하는 차원은 차이가 있는 것입니다.

반드시 젊어서 죽는 것은 나쁘고 늙어서 죽는 것이 좋지는 않습니다. 누구든지 죽음을 초래하는 원인을 스스로 만들고 있지만 사람마다 인생의 목적과 역할이 있고 그 역할을 모두 완수했을 때는 젊어서 죽는다고 해도 저 세상으로 올라가게 됩니다.

죽는 방식에 따라 저 세상의 단계가 결정되는 것이 아니라 마음의 상태와 역할 완수의 여부에 따라 결정되는 것입니다.

저 세상에서는 신의 뜻에 거역하는 영혼이라도
말살되는 일이 없는가? 노아의 홍수가 저 세상에도
있다면 말살 되는가?

　이 세상과는 달리 저 세상에는 죽음이 없습니다. 저 세
상의 지옥인 아수라계나 아귀계에서는 죽임을 당해도 곧
재생되어 똑같은 아수라계, 아귀계에서 고통을 받게 됩니
다. 스스로 깨달을 때까지 그 세계에 머뭅니다. 저 세상은
실재계라고 하여 영원히 소멸되지 않는 세계이기 때문입
니다.
　이 세상은 제행무상諸行無常이라는 말처럼 시간이 경과하
면 모두 대기나 땅으로 동화되고 맙니다. 그러나 실재계,
저세상은 그렇지 않습니다. 노아의 홍수가 일어나고 인간
들이 물속에 떨어져도 영혼은 죽을 수 없는 것입니다. 그
만큼 고통이 계속됩니다.
　이 세상에서는 괴로우면 수면제를 먹고 잘 수도 있고 한
동안이나마 괴로움에서 해방될 수 있습니다. 그러나 저 세
상은 그럴 수 없으며, 고통에서 해방되기 위해서는 괴로움
의 원인을 제거해야 합니다. 그렇지 않으면 고통에서 해방

되기란 불가능합니다.

지옥계에서의 탈출은 지옥계에 떨어지게 된 원인을 바로잡아야 합니다. 영혼의 죽음은 영원히 있을 수 없는 것이므로 조화를 이루기 위해 노력해야 합니다. 죽음을 가리켜 영면永眠이라고 하는 사람도 있지만 영면은 절대로 존재하지 않습니다.

영혼은 과연 어떤 성질을 가지고 있으며, 마음과
영혼은 어떻게 다르며 어떤 관계인가?

영혼이란 개성을 지닌 의식, 에너지의 지배자를 말합니다. 인간의 의식은 10%의 표면의식과 90%의 잠재의식으로 이루어집니다. 영혼이라는 부분은 원래는 표면의식과 잠재의식 전체를 말하지만 표면의식과 잠재의식으로 갈라져 있기 때문에 전체를 나타내는 영혼을 지닌 사람은 드뭅니다.

보통 영혼이라고 하는 부분은 표면의식과 상념대를 가리킵니다. 상념대는 금세今世의 경험과 교양과 덕성德性 등을 포함하며 동시에 저 세상의 경험과 과거세의 경험도 포함하고 있습니다. 이 때문에 같은 것을 보고 들어도 사람마다 각자 다르게 받아들이는 것입니다. 그것은 상념대의 영향을 받기 때문입니다. 영혼에 개성이 있는 것은 사람마다 그 영혼의 크기와 상태가 다르다는 것을 의미합니다.

지옥에 떨어진 영혼을 '방황하는 영혼'이라고 말합니다. 이 세상에서의 그의 생활태도가 표면의식에 강하게 좌우되어 잠재의식으로 통하는 선善한 파동波動(=자신을 속일 수 없는 마음)을 무시했기 때문에 일어난 결과입니다. 위선과 노여움과 험담과 질투 등이 그 대표적인 것입니다.

다음으로 마음이란 각자 지니고 있는 의식의 중심입니다. 의식전체를 원이라고 했을 때 그 원의 한 가운데 일점 點을 의식의 중심이라고 말할 수 있습니다. 그리고 의식의 중심은 신과 상통하고 있기 때문에 무엇이든지 다 알고 있습니다. 우리는 "저 사람의 마음은 아름다워." 혹은 "저 사람의 마음은 더러워."라고 말합니다. 이것은 상념대의 영향에 의한 것이며, 정확하게 표현하면 마음을 상념으로 바꿔야 합니다. 그러나 이런 표현은 일반적으로 사용하지 않기 때문에 상념을 마음이라고 말하고 있는 것입니다.

우리의 마음은 신의 마음과 상통하고 있기 때문에 태양처럼 자비와 사랑으로 가득 차 있습니다. 아름답거나 더러운 것도 없습니다. 태양을 중심으로 지구를 비롯한 아홉 개의 행성이 자전과 공전을 하고 있습니다. 이때 태양이 신이고 마음이며, 지구는 상념의 부분에 해당된다고 볼 수 있습니다.

영혼과 마음의 관계에 대해서 간략하게 설명하겠습니다. 우리의 마음 그 자체는 신이지만 영혼은 넓은 의미에서 마음을 중심으로 한 의식表面, 想念帶, 潛在이므로 각자의 영혼에는 저마다의 전생윤회의 역사가 기록되어 쌓여있

죽음이란 무엇인가?

는 것입니다. 영혼은 각자 개성을 지니고 마음의 파동을 받으면서 진보 향상해가는 것입니다.

　영혼과 마음은 따로 독립된 것은 아니지만 보통 표면의식과 표면의식에서 가까운 상념대의 나쁜 부분의 영향을 많이 받기 때문에 마음과 조화를 이룬 채 영혼을 밝혀나가는 사람은 극히 드문 것입니다.

신체장애자는 왜 태어나며, 또 어떻게 위로·격려하고 지도하면 좋을까? 마음까지 위축되어 주위의 사람들을 미워하고 적대시 할 때는 스스로 어떻게 마음을 다스리는 것이 좋을까?

선천적인 신체장애자로 태어나는 것은 첫째 태중에 있을 때 고부간의 갈등이나 부부간의 부조화 등으로 그 어머니의 마음이 매우 불안정했거나 육체적인 유전일 경우도 있습니다.

육체와 마음은 원래 별개의 것으로 육체의 결함은, 특히 선천적일 경우에는 본인의 마음과는 아무런 관계가 없습니다.

그리고 10살 이하의 어린이가 질병이나 사고를 당해서 장애자가 될 경우에도 그 원인은 어린이 당사자에게 있기보다는 오히려 부모와 가정의 부조화에 그 원인이 있는 경우가 대부분입니다.

몸이 불편하면 사람을 원망하고 시기 질투하는 감정이 일어나지만 육체와 마음은 별개라는 점을 잘 인식하여 부자유스러운 육체를 뛰어 넘어서 넓고 큰마음을 가지도록 노력하는 일이 중요합니다.

　이것은 좀 특수한 예에 속하지만 헬렌 켈러라는 분을 알고 계실 것입니다. 헬렌 켈러 여사는 시력과 청력이 없는 데다가 언어장애까지 겹친 삼중고의 신체장애자였습니다. 그녀는 태어날 때에는 원기 발랄한 남자 같은 아이였습니다. 부유한 가정에서 태어나 가족들의 따뜻한 애정 속에서 아무런 불편 없이 자랐습니다. 그런데 두 살이 되기 전에 급성 뇌염에 걸려 고열을 일으켜 며칠 동안이나 의식불명이 되었습니다.

　의사도 두 손을 든 상태였지만 그녀는 기적적으로 살아났습니다. 생명은 건졌지만 눈은 보이지 않고 귀도 들리지 않게 되었습니다. 귀가 들리지 않으므로 남의 말도 알아들을 수 없었고 말문도 막히게 되었습니다.

　헬렌 켈러의 운명은 여기서 큰 변화를 맞이하게 됩니다. 그녀의 집안은 슬픔에 빠져들었지만 부모님은 어떻게 해서라도 헬렌을 구출해내려고 필사적으로 노력을 합니다.

　온갖 수단을 다 동원한 끝에 손가락으로 상대의 입술을 더듬어 말을 알아들을 수 있게 되고, 마침내는 자신의 의사를 입으로 말할 수 있게 됩니다.

　이렇게 해서 헬렌은 하버드대를 졸업하였고 문학박사의 칭호를 받아 미국 내의 장애인과 흑인 빈민들을 위한 사회

사업에 투신하게 됩니다. 그녀는 그 사회사업을 추진하기 위해서 세계 각국을 순회 강연하였습니다.

저 세상에 올라가서 그녀를 만나 "당신은 어렵고 고통스러운 인생을 겪었습니다. 참으로 잘도 이겨냈습니다."라고 말을 건네자 그녀는 이렇게 대답했습니다.

"나는 눈이 보이지 않았기 때문에 부조화한 것을 보고 마음을 어지럽히는 일도 없었고, 귀가 들리지 않았으므로 부조화한 것을 듣고 독을 먹지도 않았습니다. 그러므로 부조화한 말을 하지도, 할 수도 없었고 늘 신과 대화할 수 있었던 것입니다. 나는 참으로 행복하였습니다."

마음이야말로 전부라는 사실을 헬렌 켈러 여사는 몸으로 가르치고 있습니다.

남에게 잘못된 일이나 나쁜 짓을 해도 자신의 마음이
신에게 충실하다면 과연 그것으로 괜찮은가?

　신에게 충실하지만 인간에게는 불충실하는 것은 옳지
않습니다. 정도正道는 그런 것을 가르치지 않습니다. 또한
신의 용서를 받으면 만사형통이라고 생각하는 것도 성급
한 착각입니다. 신의 용서를 받는다는 것은 엄격하게 말하
면 용서에 대한 보상이 따르는 것이기 때문입니다.
　나쁜 짓을 저질러놓고 마지막 시점에서 "제가 잘못했습
니다. 미안합니다."라는 말 한 마디로 끝이 난다면 이처럼
편안하고 편리한 일은 없을 것입니다.
　마음 하나로 자신이 행복해질 수 없다고 말씀하셨는데
당신은 자신의 마음을 살펴본 적이 있습니까? 만일 있다
면 현재 자신의 불행의 원인이 어디에 있는지 알게 될 것
입니다.
　좋고 나쁨, 즐거움과 괴로움 등의 감정은 어디서 오는 것
입니까? 육체입니까? 아니면 주변 환경입니까? 그것을 느
끼는 것은 다름 아닌 자신의 마음입니다. 또 다른 사람의
괴로움과 슬픔을 이해할 수 있는 것도 마음이 있기 때문에

가능한 것입니다.

　누구나 자기 손을 꼬집으면 아프고 모기에게 물리면 가렵습니다. 그런데 질투나 화로 마음이 불타고 있으면 이러한 소박한 감각조차 모르게 됩니다. 인간의 마음은 여러 가지 허식을 털어 버리게 되면 남도 자신도 그렇게 다른 존재가 아니며, 또한 불행의 원인이 자신의 환경이나 마음 밖에 있는 것이 아니라는 사실을 알게 될 것입니다.

　질문하신 자신만의 마음이라는 것은 자기본위의 마음을 가리키고 있는 것이 아닙니까? 그런 마음으로는 마음의 실상을 깨닫지 못하고 인간이 어떤 존재인지도 이해할 수 없을 것입니다.

　물론 인간은 마음과 육체, 경제가 조화로워야 하는 만큼 마음이나 정신을 중시하여 '정신주의'에 생활하면 여러 가지 문제가 발생할 것입니다. 산 속에서 홀로 생활하면서 남에게 폐를 끼치지 않는다면 별 문제가 없겠지만, 직업을 가지고 일을 하면서 공동체 안에서 생활하고 있기 때문에 자기 혼자만의 일과 생각만을 고집할 수는 없습니다. 즉 건전한 마음과 육체, 쾌적한 환경, 안정된 경제가 요구되는 것입니다.

　한편 사회라는 것은 온갖 계층의 영혼을 가진 인간의 집단이기 때문에 더더욱 전체적인 조화가 필요합니다. 인간 본래의 모습과 마음과 육체의 조화, 개인과 사회의 조화가 전제되어야 하는 것입니다.

그 마음과 육체, 개인과 사회가 조화를 이루는 데 근본이 되는 것은 한 사람 한 사람의 올바른 마음입니다.

모든 것은 여기에 귀착합니다. 즉 자신과 다른 사람을 구분하지 않고 하나로 생각하며 생활하는 것이야말로 신의 마음이며, 우리에게 숨겨진 진정한 마음인 것입니다.

우리는 이 마음을 알아야 합니다. 이것을 모르면 자신의 일도 모르고 남의 일도 알 수 없습니다. 또 사회를 움직이고 있는 원칙도 신의 뜻도 모릅니다.

이것을 알기 위해서는 앞서 말씀드린 각자 마음의 움직임을 알 수 있도록 노력하고 반성을 되풀이하여 자기 본위의 욕심은 어디서 오는지, 원망과 질투와 화의 감정은 어떤 경로로 오는지 등을 알아볼 필요가 있는 것입니다.

다시 한 번 마음이 무엇인가를 살펴보시기 바랍니다. 반성이 깊어지면 깊어질수록 자기본위의 마음이 분명하게 드러나서 자신이 조화로운 사회생활을 못하는 원인을 찾을 수 있게 됩니다.

꿈은 무엇을 의미하며 생활과 어떤 관련이 있는가?

　보통 꿈에는 주관적인 것과 제삼자의 개입에 의한 것이 있습니다. 주관적인 것은 자기 자신의 상념이 만들어 낸 것이고, 제삼자의 개입에 의한 것은 자박령自縛靈과 동물령動物靈 등의 영향을 받은 것입니다.

　주관적인 꿈에는 아름다운 풍경을 본다든지, 천사와 대화한다든지, 위대한 인물을 만나는 등의 기분 좋은 꿈도 있지만 반대로 싸움을 하거나 뱀이나 짐승에 쫓긴다든지, 저주스럽고 기분 나쁜 꿈도 있습니다.

　꿈은 여러 가지 계층을 실제로 보고 오는 것이며 또한 자기 자신의 현실적 상념의 상태가 저 세상의 그런 계층과 상통해서 꿈이라는 형태로 현상화되는 것입니다. 따라서 저 세상으로 통하는 꿈이면 상관없지만 기분 나쁜 꿈이나 정도正道에 거스른 어두운 꿈일 경우에는 자신의 상념 어딘가에 잘못이 있으므로 잘 반성해서 수정해야 합니다.

　꿈은 대개 새벽녘에 꿉니다. 이것은 수면행위가 표면의식의 휴식을 의미하며 에너지의 보급을 받는 행위이므로 의식이 쉬고 있을 때는 꿈을 꾸지 않으며, 에너지의 보급이 끝난 새벽녘에야 수호령의 작용으로 꿈을 꾸고 꿈을 기억할 수 있게 되는 것입니다. 즉 에너지 보급을 끝낸 표면의식이 언제라도 활동할 수 있는 상태가 되었을 때 비로소 꿈이라는 현실적인 상념과 행위가 이루어지게 되는 것입니다.

꿈은 자신의 상념과 행위를 거짓 없이 재현하는 것이므로 반성의 재료로써는 둘도 없는 호재가 되는 것입니다. 현실생활의 우리들의 상념은 외형으로 나타나지 않는 한 알 수 없는 일이지만 꿈의 경우는 평소의 상념이 아무런 저항도 받지 않고 현상화되는 것인 만큼 꿈속의 행위는 자기 안에 내재한 상념의 거짓 없는 모습과 다르지 않습니다.

한편 제삼자의 개입에 의한 꿈은 새벽녘보다는 한밤중에 꾸는 경우가 많습니다. 잠이 깊지 않고 꾸벅꾸벅하는 상태에서 악몽을 꿉니다. 두려운 나머지 잠을 깨보면 손이 가슴 위에 얹혀있고 식은땀을 흘리는 경우도 있습니다. 이런 악몽에 시달릴 때는 하루 빨리 자신의 일상생활을 반성해서 궤도 수정을 해야 합니다.

또 이런 악몽을 자주 꾸거나 불면증에 시달린다면 빙의되었을 가능성이 높으므로 보다 철저하고 강력한 자기반성이 요구되며 지도자의 지도를 받을 필요가 있습니다. 제삼자의 개입에 의한 악몽도 자신의 상념과 관계가 깊은 것이므로 정도正道에 따른 생활이 절대로 필요한 것입니다.

아무튼 꿈은 평상시의 상념행위와 불가분의 밀접한 관계가 있는 것이므로 꿈을 꾸었을 때는 그 꿈을 반성의 소중한 재료로 받아들여 자신의 마음을 잘 살펴보아야 합니다.

오관과 육근과 번뇌의 관계는 무엇이며, 육근은
육체인가 의식인가?

　먼저 오관에 대해서 설명 드리면 오관이란 안眼, 이耳, 비
鼻, 설舌, 신身의 다섯 가지를 말합니다. 그런 의미에서 오
관은 순전한 육체를 말하지만 의意는 육체가 아닌 의식과
자아와 영혼과 마음의 총체를 말합니다.
　우리들 인간의 구조는 육체와 광자체로 성립되며 광자
체인 의식이 육체를 움직여 생활하고 있기 때문에 대부분
의 사람들이 육체와 의식이 동일한 것으로 착각하여 두 가
지를 한 덩어리로 생각하고 있습니다.
　육근은 육체인 오관에 의식의 영혼이 사로잡혀 눈에 보
이는 현상의 세계를 실재實在하는 것이라고 생각하며 사고
의 기본으로 삼기 때문에 마음속에 번뇌가 일어나게 되는
것을 말합니다.
　가령 꽃을 보고 아름답다거나 가지고 싶다는 눈을 통한
번뇌가 일어나는 것이며, 사람들의 소문을 듣고 화를 내는
귀를 통한 번뇌도 생깁니다. 이 밖에 후각에 의한 번뇌, 먹
는 것에 의한 번뇌, 육체보존에 따른 번뇌 등이 생깁니다.

이러한 번뇌는 오관이 아니라 자신의 의식 속에 만들어지는 것입니다. 번뇌란 물질에 집착하는 것을 말하며, 그런 자신을 위아偽我라고 말합니다. 우리들은 이 위아에 자신을 맡기기 때문에 시비분쟁이 그칠 날이 없는 것입니다.

따라서 육근이란 오관을 통해서 일어나는 마음의 미망인 오근五根과 위아를 합한 것을 말하며, 육근을 깨끗이 하지 않는 한 우리는 평화로운 마음을 누릴 수 없습니다.

위아偽我란 표면의식이며 작은 자신小我입니다. 의식에는 표면의식과 잠재의식이 있는데 표면의식은 겨우 10% 밖에 작용하지 않기 때문에 작은 자신小我이 되는 것도 당연한 일입니다. 큰 자신大我이 되기 위해서는 오관에 사로잡히지 않는 자신, 우주 즉 나宇宙卽我의 큰마음을 가지도록 노력하지 않으면 안 됩니다.

예수님의 재림에 의해서 구원받는 영혼과 지옥에
떨어지는 영혼이 구별된다는 점은 어떻게 이해해야
하는가?

　먼저 윤회(순환)의 문제인데 이것은 사도행전 제 2장을
읽어보면 제자들이 여러 가지 이언異言을 말하고 있는데
이것은 과거세過去世의 말을 하고 있는 것입니다.
　성경에는 제자들이 배우지도 않았는데 당시 여러 나라
말로 유창하게 말하는 것으로 기록되어 있지만 그것은 잘
못된 것이며, 과거세의 말이었던 것입니다. 이 방언의 의
미를 어떻게 해석해야 할지 전혀 알 길이 없어 결국 성경
에는 그렇게 쓰인 것입니다.
　예수님은 생명의 전생윤회 그 자체에 대해서는 설교하
지 않았습니다. 그 이유는 예수님의 전도 기간이 너무 짧
았고, 그 당시의 사람들에겐 윤회(순환)에 대한 인식이 너
무나 부족하여 오히려 오해를 불러일으킬 소지가 많았기
때문입니다.
　그러나 예수님은 진리眞理 가운데 윤회(순환)의 모습을 여
러 가지로 표현하고 있습니다.

예를 들면, "칼을 잡는 자는 칼로 망한다.", "너희는 남을 심판하지 말라, 너희가 심판 받지 않기 위함이다.", "너희가 남의 잘못을 용서하면, 하늘의 아버지도 너희를 용서할 것이다." 등 입니다. 이것은 인과因果의 법, 순환循環의 법을 표현하고 있는 것입니다.

성경도 불경과 마찬가지로 글을 쓴 사람이나 해석하는 사람의 기근에 따라서 많은 부분이 달라지는 것이 사실입니다. 따라서 우리가 현재 보고 있는 불경이나 성경은 모두가 진실을 말하고 있다고 볼 수는 없습니다.

다음으로 세례에 대해서 말씀드리겠습니다. "세례를 받지 않으면 구원받지 못한다."는 말을 달리 표현하면 참회를 하지 않으면 구원을 받지 못한다는 것입니다.

세례는 참회를 의미했던 것인데, 그것이 시간이 흘러 의식화되고, 그 의식을 행함으로서 어떠한 악인도 구원받을 수 있는 것으로 되어버린 것 같습니다. 참회는 반성이며 잘못을 고치는 것입니다. 참회의 증명이 세례라는 형식을 취했다는 점을 잘 이해하셔야 합니다.

이제 예수님의 재림에 대해서 설명하겠습니다. 예수님은 구세주救世主를 의미하며 예수님의 재림은 각자의 참회, 속죄에 의해서 각자의 마음에 소생하는 것입니다. 예수님이 재림하여 세례라는 의식儀式을 치른 자는 구제하고, 그렇게 하지 않은 자는 지옥에 떨어뜨린다는 것은 있을 수 없는 일입니다.

　인간은 사물을 삼차원적, 물리적으로 생각하고 해석하여 성경을 통째로 외우는 경향이 있습니다. 성경이든 불경이든 문자 뒤에 숨은 참뜻을 이해하고 올바른 가르침을 깨닫고 실천해야 하는 것입니다. 그렇지 않으면 잘못에 빠져서 일관된 진리를 이해하기 어렵게 되며 자기에게 맞는 부분만을 편협적으로 받아들이게 됩니다.

　어떤 목사는 성경의 기적은 부자연스럽다고 묵살하고, 현실적으로 이해되는 부분만 설교하기도 하고, 반대로 기적과 구원에만 역점을 두고 맹신과 광신에 빠진 사람도 있습니다.

　그러나 천국이나 지옥은 모두 자신의 마음가짐과 행동에 달렸습니다. 참회와 반성으로 잘못을 뉘우치고 그리스도라는 진리의 빛을 마음속에 채우면 당신은 바로 천국의 거주자가 되는 것입니다.

저 세상은 지금 이 세상보다 고도의 문명을 지닌
곳이며 인류가 다른 천체에서 비래했을 당시에는
저 세상과의 교신이 가능했다고 하는데 사실인가?

특수한 비행기를 타고 지구상에 날아온 최초의 인류는
저 세상과 교신이 가능했으며 문명도 고도로 발달되었다
는 것을 먼저 알아야 할 것 같습니다.

그런 인류의 후손이 오랜 원시시대의 생활을 하였다는
것은 당신이 지적한 그대로입니다. 그렇다면 어째서 그렇
게 되었을까요? 이 모순을 풀기 위해서는 우선 이 문제를
생각해보시기 바랍니다.

가령 빌딩을 만드는 기사, 공장, 설계도면, 그리고 그 방
면에 종사하는 노동자들, 그리고 빌딩 그 자체가 돌연 이
지상에서 사라졌다고 가정해보기 바랍니다. 아마 다시 빌
딩을 건축하기 위해서는 긴 시간과 기사를 양성하는 교육
과 발명을 하는 기간이 필요할 것입니다.

인류의 역사는 노아의 방주方舟현상이 몇 번이나 되풀이
되었으며 문명이 발달되었다 싶으면 붕괴됐고, 진보된 시
점에서 다시 천재지변을 만나 건축물이나 기계류가 지상

에서 말살되었던 것입니다.

　살아남은 사람들 가운데는 상당한 과학자나 발명가가 있어도 공장과 자재, 연구실, 설계도면 등의 자료가 없다면 말살되기 전의 문명으로 되돌려 놓기 위해서는 긴 시간이 필요했을 것입니다.

　지상 문명은 항상 이런 현상을 되풀이해왔습니다. 이 때문에 1억 년 전의 문명보다 오늘날의 문명이 뒤떨어졌거나 혹은 문명의 방향이 다르다는 점을 부정하지 못할 것입니다.

불교의 반야심경에 나오는 "색즉시공色卽是空,
공즉시색空卽是色"은 무엇을 의미하는가?

"色卽是空색즉시공 空卽是色공즉시색 色不異空색불이공 空
不異色공불이색"에서 나온 말로 '색은 공과 다름 아니요 공
도 색과 다르지 않으니 따라서 색이 곧 공이요 공은 곧 색
이다.'라는 뜻입니다.

곧 색과 공을 이어가면 하나의 원이 됩니다. 보이지 않는
저 세상과 눈에 보이는 이 세상은 따로따로가 아니라 하나
의 연속체인 것입니다.

공중에 증발한 수증기는 육안으로는 보이지 않습니다.

그러나 열이나 압력과 같은 연緣에 의해서 다시 비나 눈
이 되어 지상에 내려옵니다. 이것 역시 공즉시색이요 색즉
시공이라고 하는 순환(윤회)법칙에 따르고 있는 것입니다.

물은 기체, 액체, 고체로 변하지만 물의 본성에는 변함이
없습니다.

물질도 분산되면 에너지로 변하고 에너지가 집중하면
물질이 됩니다.

색즉시공色卽是空, 공즉시색空卽是色은 과학을 말합니다.

질량과 에너지의 등가성等價性은 아인슈타인의 상대성이
론($E = mc^2$)이 이를 설명하고 있습니다.

　소위 인간이 죽었다고 하는 것은 현상계(이 세상)에서 100
년 정도 머물다가 육체가 이산화탄소 등으로 분산되는 것
을 말합니다. 그러나 그 육체의 운전사이던 사람은 영혼의
중심인 마음을 가진 광자체光子體로 실재 세상(저 세상)인 공
空으로 돌아갑니다. 실재 세상(저 세상)은 약 700~1,500년간
머무를 수 있는 곳입니다. 곧 공空은 에너지, 색色은 물질
이라고 볼 수 있습니다.

　이처럼 물질이 분산되면 기체인 공이 되고, 공이 집중하
여 고체화되면 물질이 됩니다. 이렇게 대우주와 삼라만상
은 순환의 법칙을 따라 운행되고 있으며, 생명과 에너지는
영원불멸합니다. 그리고 이 세상과 저 세상을 왕래하면서
영원히 사는 생명의 틀은 바꾸고 싶어도 바꿀 수 없는 섭
리입니다.

예수님과 석가모니 부처님도 섭리에 따른 영혼의
6형제가 있습니까?

   많은 기적과 영능을 보여 주신 예수님은 우리보다도 영
적 진화 차원이 높은 분입니다. 우리의 영능의 크기가 동
전만 하다면 예수님, 석가모니 부처님의 크기는 태양의 크
기만 하다고 볼 수 있겠습니다. 태양을 부숴 지구를 만들
면 33만 3천개를 만들 수 있답니다. 그러나 이 위대한 분
들도 우리와 같은 하나님의 피조물이라는 것입니다.

   부처님의 생명과 형제는 본체本體와 5분신五分身으로 출
생했습니다. 석가모니 부처님의 본체本體는 잘 알다시피
기원전 654년에 인도에서 출생하셨습니다. 부처님의 1분
신은 삼장법사로 AD 600~664년경에 중국에서, 2분신인
천태대사 역시 AD 200년경에 중국에서 태어났습니다. 그
리고 3분신인 사이쬬는 AD 767~822년경에, 4분신인 공교
空敎는 AD 800년경에, 5분신인 기도다가요시는 833~1877
경에 일본에서 태어났습니다.

   예수님의 영혼의 형제도 다음과 같습니다.

   본체는 이스라엘에서 탄생한 임마뉴엘, 곧 예수님입니

다. 그리고 1분신은 이집트에서 BC 4,000년경에 태어난 글라리오이며, 2분신은 AD 200년경에 이스라엘에서 태어난 마구라리수입니다. 3분신은 화이·싱·화이싱호로 AD 400년경에 중국에서, 4분신은 바로인으로 AD 1,500년 경에 영국, 그리고 5분신은 BC 2,000년 경에 이집트에서 태어난 마구내치오와 필리핀 바기오시에서 1970년 전후로 활동한 토니라고 부르는 분입니다.

이처럼 영혼 6형제들은 저 세상에서 이 세상에 한사람씩 교대로 태어납니다. 한 사람이 이 세상에 태어나 살아가는 동안 본체(예수님)를비롯한 네 명의 분신 즉 다섯은 저 세상에 남아 생활하며 다섯 중 한사람은 이 세상에 나와 있는 한 사람의 수호의 임무(수호령)를 맡아 지켜 주고 있습니다. 성경에는 예수님을 독생자라 일컫고 있습니다. 또한 우리 한 사람 한 사람도 하나님의 귀중한 자녀라고 쓰여 있습니다. 예수님을 비롯한 우리 모두는 하나님의 피조물인 것입니다. 예수님을 믿는 사람들은 예수님을 통해서만 구원을 받을 수 있으며, 예수님을 구세주라 여기며 신으로 받들며 섬기고 있습니다. 그렇다면 예수님이 탄생하기 이전 그 당시의 인류는 어떻게 구원을 받았으며 구세주는 누구였을까 때로는 의문스러울 때가 많습니다.